青少年
学习力训练与提升

邹吉林 董 耘◎著

中国书籍出版社
China Book Press

图书在版编目 (CIP) 数据

青少年学习力训练与提升 / 邹吉林 , 董耘著 . —— 北京 : 中国书籍出版社 , 2022.10
ISBN 978-7-5068-9214-8

Ⅰ . ①青… Ⅱ . ①邹… ②董… Ⅲ . ①青少年 – 学习动机 – 研究 Ⅳ . ① G442

中国版本图书馆 CIP 数据核字（2022）第 183642 号

青少年学习力训练与提升

邹吉林 董 耘 著

责任编辑	张 娟 成晓春	
责任印制	孙马飞 马 芝	
封面设计	尚书堂	
出版发行	中国书籍出版社	
地 址	北京市丰台区三路居路 97 号 (邮编：100073)	
电 话	（010）52257143（总编室） （010）52257140（发行部）	
电子邮箱	eo@chinabp.com.cn	
经 销	全国新华书店	
印 厂	三河市德贤弘印务有限公司	
开 本	710 毫米 ×1000 毫米 1/16	
字 数	166 千字	
印 张	15	
版 次	2023 年 4 月第 1 版	
印 次	2023 年 4 月第 1 次印刷	
书 号	ISBN 978-7-5068-9214-8	
定 价	56.00 元	

前　言
PREFACE

学习力是一个人学习动力、学习能力与学习毅力的综合体现。对于青少年来说，无论是身处学生时代，还是日后走向社会，学习力都是重要的个人生存力和竞争力。拥有良好的学习力，能让青少年受益一生。

在青少年群体中，绝大多数人智力相当、学习经验相似，但青少年之间的学习成效却相差甚远。拉开彼此差距的关键之处就是学习力，谁掌握了学习力，谁就能脱颖而出。

本书是山东省社会科学规划研究项目"网络文化背景下青少年学习力的动力机制研究（14CQSJ15）"的阶段性成果。本书通过系统梳理学习科学、教育心理学、教育神经科学等学科的最新研究成果，通俗易懂地阐述基于研究成果的青少年学习力训练与提升的各种策略，以教会青少年学习方法和学习策略为导向，力图帮助青少年唤醒学习动力，提升学习能力，磨炼学习毅力。

首先，本书带领青少年认识学习力和学习科学，帮助青少年有效规避假学习，让青少年树立终身学习理念和成长心智，终生保持学习力，正确看待学习这件事情。

其次，本书通过全方位总结和系统梳理，引导青少年养成良好的学习、生活作息、体育锻炼习惯，教会青少年如何正念减压、激发学习兴趣、唤醒学习动力、设定学习目标、磨炼学习毅力、提高专注力和记忆力、科学管理时间、克服拖延心理、掌握学习方法、培养创造性思维等，让青少年的学习变得更高效、更持久、更轻松。

最后，本书帮助青少年重视阅读、爱上阅读、享受阅读，培养和训练跨学科阅读能力，并从阅读中强化学习力。

本书聚焦青少年当前所面临的学习困扰，提出了一系列科学有效的训练与提升学习力的方法。全书力图通过科学的数据论证，清晰的逻辑表达，通俗的语言论述，帮助青少年认真思考自己的学习情况，使用书中可操作的有效方法，行动起来，提升学习力。

提升学习力，开启智慧人生。阅读本书，相信青少年一定会有所思、有所想、有所获。

作者

2022 年 10 月

目　录
CONTENTS

第四章
提高记忆力，让学习更轻松 / 091

第五章
与时间做朋友，不辜负每一寸光阴 / 129

第一章

保持学习力，坚持自我成长

学习力是多种能力的统称，青少年正处于学习的黄金时期，在这个时期提升学习力，坚持自我成长，能受益终身。保持学习力，不仅让青少年的学习更轻松，成绩稳步提高，还能增强青少年的人生发展潜力，让青少年未来可期。

学习力与学习科学值得我们深入了解

青少年想要取得好的学习效果，需保持较好的学习力，并了解学习科学，那么什么是学习力与学习科学呢？接下来就让我们一起来认识学习力与学习科学。

认识学习力及其重要性

★ 什么是学习力

青少年的学习力包含学习动力、学习毅力、学习能力等多项能力，是青少年高质量完成学习任务与开拓创新的必备素质。具有较强学习力的青少年会学习、善学习，并能够主动运用合理恰当的学习方法与学习策略提升自身素质和竞争力。

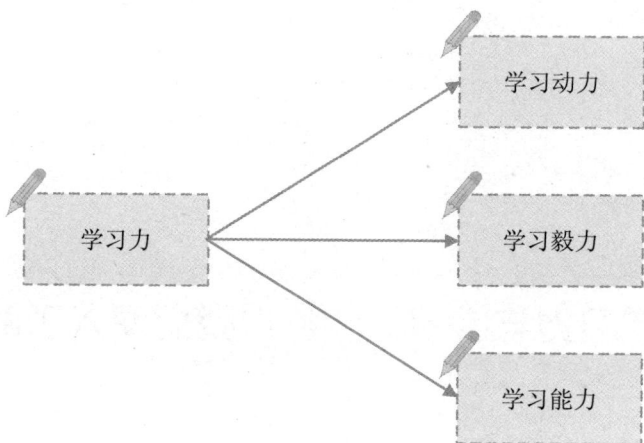

学习力包含多项能力

首先，学习动力是学习的内驱力。

学习动力是青少年学习的内驱力，它源于青少年的内在动力和外部压力。

青少年学习的内在动力源于兴趣以及对知识的渴望，它能够激发青少年的好奇心，对青少年的学习起着主导作用。青少年学习的外部压力源于学校的考试成绩、同学之间的竞争以及家长的期望等。

青少年提高学习动力可以提高学习效率，掌握更多的知识，取得优异的成绩。

其次，学习毅力是学习的自控力。

学习毅力是青少年坚强自控力与意志力的体现，是在学习过程中为了完成学习任务和学习目标而表现出的坚强持久的信念、意志与努力。学习毅力往往被细分为学习自控、学习自觉与学习坚韧等。拥有学习毅力的青少年常常能够在目标的激励作用下克服困难、突破自我、超越自我。

最后，学习能力是学习的规划力和实施力。

学习能力是青少年获取知识、掌握技能，并将知识和技能内化吸收的能力和素养。学习能力涉及多个要素，包括学习方法、学习方式、学习策略等。学习能力也体现在多个方面，如青少年的认知能力以及元认知能力。认知能力包括注意力、记忆力、想象力、思维力、问题解决能力等；元认知能力包括对学习的管理、计划、监控、实施与反思能力。

学习能力强的青少年能够在较短时间内消化吸收所学知识，并实现知识的融会贯通。

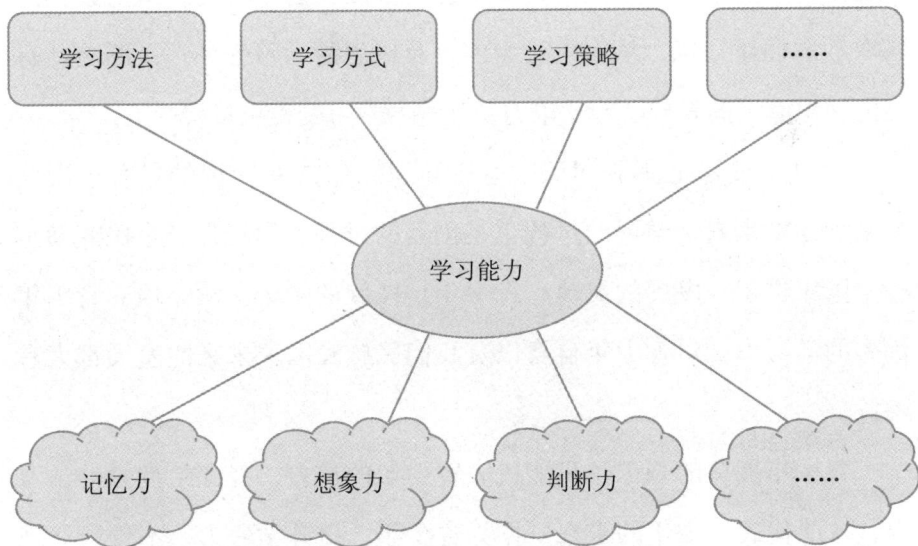

学习能力涉及的要素与体现

⭐ 认识学习力的重要性

学习动力、学习毅力和学习能力是构成青少年学习力的必不可少的三项能力。学习动力能为青少年提供源源不断的驱动力，学习毅力让青少年能够持之以恒地学习，学习能力帮助青少年提高学习效率，青少年拥有了这三项能力，就拥有了强大的学习力。而学习力不只在人的青少年期和学生时代发挥作用，它将伴随人的一生，不断提供助力。

如今，社会发展迅速，知识不断进化和迭代，人们需要不断地学习新的知识才能跟上社会发展的步伐，否则就会面临被社会淘汰的风险。学海无涯，随着知识更新的速度加快，青少年需要学习的内容越来越多，作为未来的主人，青少年拥有了强大的学习力，就可以快速获取和掌握新知识，从容应对当前以及以后的学习任务，不断更新自己的知识库，提高自己的竞争力，让终身学习变得更加轻松。

学习的过程是获取知识、运用知识和创造新知识的过程，因此从某种角度来看，学习的过程也是创新的过程。创新是一个民族乃至一个国家进步、发展的灵魂。青少年是民族的希望，从小培养青少年优秀的学习力，对青少年自身以及我们民族和国家未来的发展都大有裨益。

青少年拥有的知识，只能代表青少年的过去，青少年拥有的学习力，才能代表青少年的未来。作为青少年，提升学习力，不仅能让现阶段的学习变得更加轻松，也能提高自身未来的竞争力。

认识学习科学及其重要性

⭐ 什么是学习科学

人在整个生命过程中的不同阶段面临着不同的学习任务。随着知识经验的增加以及学习内容的增多，如何提高学习效率、促进有效学习，越来越成为人们关心的问题。于是，针对如何更好地学习这一重要问题，便逐渐发展形成了一个新的综合性研究领域，即学习科学。

简而言之，学习科学是一门关于如何学与如何教的交叉学科，涉及认知科学、脑科学、教育心理学、教育技术等众多领域，其目的在于帮助学习者更好地理解人脑认知的过程以提高学习效率，以及运用这一学科的知识来帮助学习者重新规划、设计不同的学习环境，从而使学习者能全身心地投入学习。

学习科学通过创新教学设计、改进学习策略和教育技术、构建更好的学习环境等多方面来改善教育，它致力于研究科学的学习方法，因此对课堂学习、学校教学以及校外学习生活等都有着重要的影响。

⭐ 认识学习科学的重要性

青少年正处于快速生长发育的时期，有着特殊的身心发育特点，因此青少年要充分认识自身的情况，才能科学有效地进行学习。

基于此，学习科学便是一门能帮助青少年加深对自己身心特点和学习情况的了解的一门新学科，它结合了教育科学、脑科学、认知科学等诸多学科的前沿知识，将教育神经科学、认知神经科学、情感神经科学等多领域研究成果应用于教育和学习过程。认识学习科学，利用学习科学的相关知识，能帮助青少年正确认识和理解"人究竟是如何学习的""怎样才能提升学习效率"等诸多问题，进而结合自己身体和心理的发育特点，科学有效地开展学习，提升学习力。

同时，学习科学研究者所建构的相关理论也在教育实践中频频得到验证，为当代教学创新、课堂转型等提供了理论基石与实证证据，这些都极大地改善了青少年的学习环境，有助于青少年更有效而深入地投入学习活动，提高学习效果。

相信学习的力量

学习不仅能让你获得宝贵的知识，还能加深你的思考深度，让你的认知世界更加广阔。当机遇来临时，你就能轻松地抓住它，从而实现成功，取得人生成就。

学习让你获得知识

哲学家弗兰西斯·培根曾说："知识就是力量。"拥有知识，就拥有了生存的本领，让你更加自信地面对生活；拥有知识就能够认清事物的本质，让你看问题更加深刻；拥有知识，能够开阔你的眼界，让你看问题更加深远。

知识的重要性已经无须多言，而获得知识的途径离不开学习。拥有了学习力，才能获得无穷无尽的知识，通过学习获得知识的过程带给人成就感和满足感，让人感到快乐。

学习让思考更有深度

孔子曾说："学而不思则罔，思而不学则殆。"学习与思考二者之间的关系密不可分，思考让学习更轻松畅快，而不断地学习可以拓宽思维的边界，让思考更有高度和深度。

深度思考能够增强分析力和辨别力。当下信息泛滥，传播渠道众多，人们被淹没于各种消息当中，而且其中不乏一些失实的消息。那么，在铺天盖地的消息中如何还原事情原貌、探究事情的本因呢？这就要求你具有深度思考的能力，深度思考能够增强你的分析力和辨别力，让你头脑更清醒，能够抓住事情的关键与本质，然后去伪存真，还原事情的真实面目。

学习让世界更广阔

学习能够提高个人修养，是成才的重要途径。通过学习，可以了解中外历史人文故事，纵横古今，认识人类发展和国家兴衰的历史规律；通过学习，上可知天文，下可知地理，看得透事物的本质，理得清万物渊源；通过学习，既可以感知最新科技魅力，也可以理解现代艺术之美，提高认知能力和审美创造能力。

如果将一个人的认知世界比喻为一个圆形，学习就是这个圆形的半径，半径越大，世界就越广阔。

我们虽然不能随意延长生命的长度，但是通过学习却可以拓宽生命的宽度，让人生更加精彩。

学习让你抓住机遇，走向成功

雄鹰通过无数次振翅，才能高飞，猛禽通过无数次练习，才能抓到猎物，自然界的动物需要不断练习技能才能生存，而人想要成功，也要通过不断的学习、辛苦的付出，才能有所收获。

古今中外，机会总是留给有准备的人。越王勾践卧薪尝胆十载，积蓄实力，终于等到机会一雪前耻；苹果每年都会掉下，但只有牛顿通过掉落的苹果发现了万有引力，成为著名的物理学家；杨利伟从小对自己要求严格，刻苦训练，精益求精，最终赢得飞天机会，成为中国航天第一人。

一些人总是抱怨，机会为什么没有落到我的头上？其实，不是机会少，而是机会到来时，你没有准备好，因而无法抓住它。

与其眼看机会溜走，事后后悔，不如从现在开始就努力学习，提高自身实力，这样当机会来临时，你就多了一分把握，离成功更近一步。

青春宝贵，请不要虚度

抓住黄金青春期

人类从出生开始，经历婴儿期、儿童期、青少年时期，最终长大成人，在成人期以前，人类的大脑等身体各器官不断生长发育。

青春期作为人类从儿童到成人的过渡时期，是人体迅速生长发育的高峰期和关键时期。处于青春期的青少年智力发育到达高峰，观察力敏锐，记忆力增强，抽象思维能力发展迅速，综合学习能力大大提高。

青春期是一生中身体发育和智力发育发展的黄金时期，如果青少年充分利用这段黄金时期，努力学习知识，拓宽自己的知识面，就能为未来的发展打下良好的基础。

观察力敏锐

记忆力增强

抽象思维能力发展迅速

综合学习能力提高

青春期的生长发育特点

树立远大理想

理想是青少年前进道路上的指路明灯，是青少年远航的灯塔。青少年是民族的未来、国家的希望。青少年树立远大理想不仅能为自己提供学习动力，激发上进心，还关乎国家未来的发展。

古往今来，凡是取得卓越成就者无不怀揣远大抱负。青少年志存高远，则能信念坚定、立足当下，不因心中迷茫而飘忽不定，不因没有目标而懈怠。青少年在远大理想的指引下，从当下开始努力，将远大的理想化为一个个切实可行的远期目标与近期目标，科学合理规划时间，便能充实过好每一天，不虚度光阴。

古语云："求其上者得其中，求其中者得其下，求其下者无所得。"

青少年树立远大理想，即使最终没能实现，在奋斗的过程中也会有所收获，终身受益。

合理安排时间，不虚度光阴

青春期短暂而宝贵，处于青春期的青少年正处于中学时期，该时期是影响未来发展的关键时期。青少年在这一时期认真学习、夯实根基，不仅能取得好的学习成果，开启新的人生起点，还能让未来的学习更加轻松，为未来工作和生活打好基础。

"逝者如斯夫，不舍昼夜。"时光因不可逆而宝贵，青少年在关键的黄金青春期切不可蹉跎岁月，而要想充分利用宝贵的青春时光，就要做时间的主人，在目标的指引下合理规划时间、高效学习。具体应注意以下几点。

（1）养成规律的作息习惯。

（2）合理安排休息时间，劳逸结合。

（3）设定任务完成期限，养成按时完成任务的习惯。

（4）先从容易的地方着手，一小步的成功有助于顺利完成整项任务。

警惕假学习

假学习的危害多多，青少年陷入假学习的状态很容易造成恶性循环，停滞不前，无法取得进步。

什么是假学习

一些青少年上课时不捣乱，认真听讲，下课也积极写作业，但是成绩平平，总是无法提高，这个时候就要警惕是否进入了假学习的状态。

什么是假学习呢？假学习的学生学习时不主动思考，他们虽然课上也听讲，却是被动地接受知识，没有主动地去理解和消化知识，当遇到有难度的问题时，也不愿意去深入探究，久而久之，就形成了假学习的状态。假学习的学生看似在学习，实则没有深入其中。

假学习的状态让青少年投入了时间，却得不到相应的回报。青少年习惯了假学习的状态，会懒于思考，更多地依靠死记硬背。随着知识点越来越难，假学习的青少年会越来越无法理解知识，学习越来越吃力，最终形成恶性循环。

假学习形成的原因

青少年为什么会形成假学习的状态呢？可能是由以下几个原因导致的。

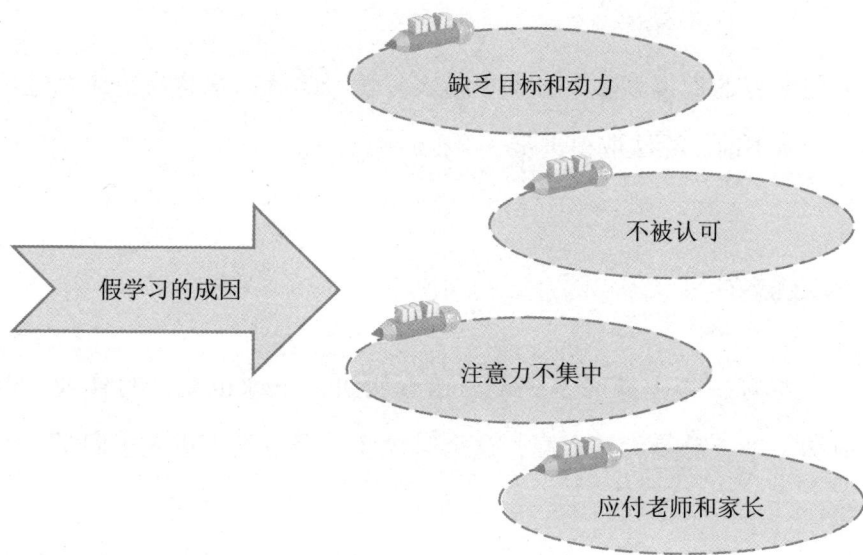

缺乏目标和动力

不被认可

假学习的成因

注意力不集中

应付老师和家长

青少年假学习的原因

⭐ 缺乏目标和动力

一些青少年没有远大的理想和确切的目标，怀着"当一天和尚撞一天钟"的心态，为了学习而学习，这样的学生没有学习的动力，遇到难题自然不愿意深入思考和解决。

⭐ 不被认可

一些青少年被家长或老师贴上"脑袋笨""反应慢"等标签，取得的进步被家长或老师无视，久而久之，青少年在心里也产生了"自己不行"的想法，变得不自信，从而在学习时无法积极投入。

⭐ 注意力不集中

一些青少年在学习时注意力不集中、爱走神、易分心，看似在学习，但思绪可能已经飘到九霄云外，想着别的事情了。上课时如果爱走神，就无法跟上老师的思路，一步跟不上，步步跟不上，如果课后再没有花时间把知识点补上，则会越来越落后。

⭐ 应付老师和家长

老师和家长常常对青少年寄予厚望，一些青少年不想学习，却也不想让他们失望，因此只能通过假学习营造一种"我已经很努力了"的状态来应付老师和家长。

如何改正假学习

假学习的青少年看似勤奋，实则学习效率低下，浪费了大量时间做无用功，貌似付出了努力却没有取得应有的效果。存在假学习问题的青少年，应该如何改正呢？

首先，认清学习的目的。青少年要正确认识学习的作用，树立近期目标和远大理想，在目标和理想的激励下主动学习，青少年须意识到学习的目的不是让老师和家长满意，而是增长知识，为自己以后的人生打好基础。

其次，青少年取得进步时，家长与老师要多给予鼓励。学习不是一朝一夕的事情，在短时间内也很难看到突出的成果，因此当青少年取得进步时，即使进步微小，老师和家长也不要吝惜赞美之词。温暖人心的鼓励可以让青少年重拾信心，重新燃起学习的热情。

最后，多思考。学习离不开思考，养成假学习习惯的青少年一时间可能难以改正，那么就从简单的问题着手，理解知识点的内在逻辑，避免死记硬背，渐渐地就会发现思考其实也没有想象得那么难。

学习不只为考试

学习不只为了考试，只有正确认识学习与考试的关系，才能在学习的过程中把握重点。青少年学习应放眼长远，看重学习的过程，而不是一时的考试成绩。

考试只是检验学习的方式

考试要求在有限的时间内完成题目，旨在考查青少年对知识的掌握情况和灵活运用知识的能力，是对青少年一段学习过程的总结和测验，是高效检验学习成果的方式。

通过考试，青少年可以认识自己的不足，了解知识的薄弱点，进而查漏补缺，巩固所学知识，因此考试首先是一项有益的活动。但是在实际操作中，有的老师和家长过于关注考试的分数，一切唯分数论，这不仅失去了考试本身的意义，还对分数低的学生带来打击，让学生产生"学习的目的就是考试"的错误认知。

青少年一旦形成这种错误认知，就可能带来严重的后果。例如，一些青少年为了取得高分而作弊，还有一些青少年不求甚解，为了取得高分而采用背题的学习方式，这些均与学习本来的目的背道而驰，采取这样的方式，即使一次两次取得高分，也无法在漫长的学习道路上走得长远。

学习远比考试重要

考试只是检验学习、查漏补缺的方式，学习本身比考试更加重要。学习是获得知识的途径，真正产生价值的是学习与知识本身，而不是考试，从这个角度来讲，考试可有可无，但是学习却不能停。

考试只能考查一部分知识，因此考试的成绩只能代表一时，但学到的知识却能伴随青少年一生，让其受益终身。从这一点来看，学习远比考试更重要。

清楚了学习与考试的关系，青少年就能明白功在平时的重要性，从而认真对待平时的学习，在细水长流中绵绵用力，日积月累，考试时自然能水到渠成，取得好成绩。

仰慕别人，不如提升自己

如果你在学习和生活中，看到一些优秀的人，不由得心生仰慕，那么接下来你会怎么做呢？是会自惭形秽、感叹人与人之间的差距为何如此之大，还是化仰慕为动力、默默努力让自己成为一样优秀的人呢？

仰慕要有度

仰慕优秀的人是一种正常的心理，每个人都会在心底有自己的仰慕对象。

不过，仰慕要有度。过度仰慕别人容易造成自卑心理，时间久了会迷失自我；适度地仰慕别人可以给自己带来激励作用，激发自己努力的决心。

古语有云："临渊羡鱼，不如退而结网。"自怨自艾于事无补，与其单纯仰慕，不如见贤而思齐，想想自己与仰慕对象之间的差距在哪里，然后努力弥补，提升自己，缩小与仰慕对象的差距。经过一段时间，或许你会发现，自己已经变得优秀，与仰慕对象之间的差距逐渐缩小，甚至也有人开始仰慕你。

与优秀的仰慕对象成为朋友

常言道："近朱者赤，近墨者黑。"外部生活环境对人的影响巨大，结交朋友也是如此。

与优秀的人成为朋友，他的自律和努力无时无刻不感染着你，让你不知不觉受到积极的影响。

与优秀的人成为朋友，他求知的欲望、学习的热情也会影响你，燃起你学习的动力。

优秀也会传染，因此不妨试着与仰慕对象成为朋友，久而久之，你也可以成为那样优秀的人。

相互激励

相互学习

共同进步

与优秀的仰慕对象成为朋友

提升自己，从今天开始努力

与其仰慕别人，不如提升自己。青少年的时间是宝贵的，想要提升自己，就要抓住每一分每一秒的时间。"千里之行，始于足下。"朝着理想的方向，从今天迈开第一步，向着那充满光明的方向前进和努力。

学习如逆水行舟，不进则退，令人仰慕的人尚且在努力奋斗，不曾停歇，仰望者有何理由不奋发图强呢？只有付出更多的努力，才能促成自己的进步，成就闪光的自己。

一分耕耘，一分收获，相信今日的努力，必能提升自己，换来明日的成就。

要树立终身学习的理念，懂得学习是件不能停的事情

如今，社会已进入高速发展期，知识不断快速更新，因此如果学习止步不前，就无法跟上社会发展的步伐。正如逆水行舟，不进则退。青少年要知道，学习这件事不能停，要树立终身学习的理念。

相信坚持的力量

学习是一个漫长而持久的过程，它将伴随每个人的一生，任何时候都不能停止学习。这个过程，有时让人感到枯燥而乏味，有时让人看不到希望，但是无论如何，都要相信坚持的力量。

爱迪生为了发明蓄电池，进行了几万次的试验，尝试了几千种材料，坚持了约十年时间，最终制成镍铁碱电池；梵·高一生虽然穷困潦倒，但是他仍然坚持绘画，终于成为一代艺术大师；司马迁虽遭受酷刑，但仍未放弃理想，忍辱负重，坚持写作十几年，终于完成我国历史上第一部纪传体通史——《史记》。

那些取得不朽成就的伟人无一不是在信念的支持下坚持努力和付出，同样，在学习的过程中，想要取得优异的成绩也离不开坚持。

坚持，让水滴穿石，让铁杵成针。"骐骥一跃，不能十步；驽马十驾，功在不舍。"乌龟虽然跑得慢，但因为坚持，最终也能战胜跑得快的兔子。

俗话说："不怕慢，就怕站。"青少年要相信坚持的力量，在学习的道路上不停歇，坚持前行，付出才能获得相应的收获。

终身学习离不开长远规划

终身学习是一件持续漫长一生、需要长期坚持的事情，因此终身学习离不开长远规划。

比如，以人生为长度，问一问自己想要成为一个什么样的人？想要取得怎样的成就？想要实现什么样的梦想？并在此基础上再想一想，想要实现这样的成就或梦想需要做出哪些努力？当下需要达成什么目标？想明白了这一点，就能长远考虑，合理进行远期和近期规划，做到心中有数。

"凡事预则立，不预则废。"长远规划，让青少年心胸变得更宽广，不因一时得失而感到失意落寞；长远规划，让青少年更注重习惯的培养，功在平时，在一朝一夕，坚持方有成效；长远规划，让青少年脚踏实地，积攒力量，等待机会，一飞冲天。

让学习成为一种习惯

在学习的过程中，青少年常常面临各种诱惑，比如学累了想要放松一下，于是拿起手机玩起游戏，本来只想玩一局，可是一旦开始就控制不住自己，一局接一局，很快一个小时过去了，作业仍然没有完成。

一件事情坚持一天很容易，坚持一周也不难，但是想要坚持一年甚至数年就很困难了，学习也是如此。长期坚持的力量有目共睹，但是如何才能坚持下去呢？万事开头难，对于没有养成好的学习习惯的青少年，坚持本身就是一件困难的事情。

多久能形成一个新习惯？过去的行为心理学研究发现了一个神奇的 21 天效应，认为培养一个新习惯至少需要 21 天的时间。现在最新的研究虽然没有证实 21 天这个具体的数字，但是也发现少则 18 天，多则 254 天便能形成一个新习惯。如果算一下平均数，那么这个准确时间是 66 天。青少年不妨从坚持学习一天到坚持学习一个星期，直到坚持学习两个月以上，到那时，习惯自然养成，坚持学习本身也就没有那么难了。

终身学习，听起来路漫漫其修远兮，但是当学习成为一种习惯后，终身学习就变成了自然而然的事情。

第二章

养成好习惯，让学习更高效

习惯对人的影响是潜移默化的、深远的。一旦形成某种习惯，就很难改变了。因此，在学习过程中，青少年要努力克服不良习惯，注重培养自身良好的学习习惯，变得更勤奋、独立、专注、努力、自律，这样不仅能够提高学习效率，还能够受益终身。

克服懒惰，好习惯养成从每一天开始

懒惰是一种不良习惯，是学习道路上的绊脚石。青少年想要在学习上取得长足的进步，就必须克服懒惰，养成好习惯，并将其贯彻到底，坚持下去。

青少年懒惰的表现与成因

每个人都会有懒惰的时候，古来圣贤尚且"偷得浮生半日闲"，何况是尚在成长中的青少年。一时的懒惰并不可怕，可怕的是长期的懒惰。长期的懒惰是自我的放纵，是心灵的疲惫，是对生活的厌倦。长期的懒惰会使青少年逐渐懈怠而无奈选择"躺平"，失去学习的动力。

懒惰的青少年通常有着各种各样的表现，总体而言，集中体现在两个方面：学习上的懒惰、生活上的懒惰。

学习上的懒惰	生活上的懒惰
懒得记笔记 不认真听讲 写作业拖拉 常常迟到等	喜欢睡懒觉 不打扫房间 不讲卫生等

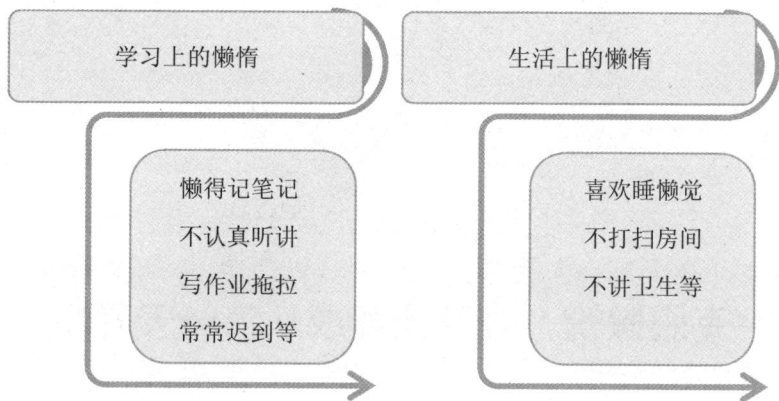

青少年懒惰的表现

对于处于学习关键时期的青少年而言，懒惰会使他们拖延，对学习任务视而不见，一拖再拖，最终荒废学业。青少年想要克服自身的懒惰行为，首先要对自身懒惰心理的形成原因有足够的认识。

具体而言，青少年懒惰心理的形成主要与以下因素有关。

第一，追求舒适、愉悦。有的青少年从小没有养成良好的生活习惯，也不懂得约束自己的行为，一味追求舒适、安逸的生活，在学习上也不愿意动脑筋、花费精力，学习主动性和积极性特别差。

第二，家庭环境的影响。首先，有的青少年行为懒散可能与从小父母包办一切、百般呵护有关，在这种充满溺爱的家庭环境里长大，他们并未养成独立自主的生活习惯，做任何事都依赖他人的帮助，明明是自己分内的事情却懒得做、懒得处理，渐渐地就变得越来越懒惰。

其次，有的青少年之所以变得很懒，是受到父母、长辈的不良影响。如果父母、长辈平日动不动就睡到日上三竿，懒得工作，懒得打理家务，青少年难免也有样学样，慢慢地在成长过程中养成了懒惰的坏习惯。

第三，缺乏奋斗的目标，缺少努力的方向。青少年时期是一个特殊而重要的时期，如果在这一时期没有明确的奋斗目标，缺少努力的方向，那么他就会丧失积极行动的动力，对任何事情都会敷衍了事。很多青少年就是因为缺乏奋斗和努力的目标，凡事得过且过，对学习产生懈怠心理，从而跟不上学习课程，与优秀学生的差距越来越大。

青少年若是能够严于律己、克服懒惰、勤奋好学，就能够成就自我，实现生命的价值，获得长久的幸福。

克服懒惰的方法

对于青少年而言，学习如逆水行舟，不进则退，懒惰是学习路上的绊脚石，只有克服懒惰，才能真正地利用好时间，实现有效学习。那么，青少年如何改变懒惰的坏习惯呢？可参考如下建议。

第一，给自己设置合理的"最后期限"。青少年很多时候做事拖拉、行为懒散是因为没有紧迫感，如果在学习的过程中时不时给自己上一道"紧箍咒"，用"最后期限"给自己施加一点压力，营造一点紧张氛围，反而能推进学习的进度，提升学习效率。比如，规定自己半小时之内完成作业，一周之内必须做完三套试卷，周末两天完成一篇作文，等等。

第二，定期奖励自己。青少年想要克服懒惰需要强大的自制力，而在改变坏习惯、培养好习惯的过程中，千万不要忽视自身点滴的进步与改变。定期奖励自己，能够鼓励和帮助青少年在修正自身的道路上继续坚持下去。比如，完成一个学习小目标后，就奖励自己一支漂亮的笔等。

第三，提高生活自理能力，自己的事情自己做。青少年想要克服懒惰，就一定要戒除对他人的依赖心理，从收拾房间、洗衣服这样的小事开始，慢慢学会打理自己的生活，积累更多的生活技能。

第四，树立长短期目标，确定努力的方向。目标是鼓舞人前进的灯塔，青少年想要从懒惰的泥潭中脱身而出，不妨给自己树立一个可以量化的长期目标，然后再将其分解为一个个小目标，使其成为日常生活的一部分。比如，长期目标为跻身年级前十名，将这个大目标分解成可操作的阶段性目标——每天坚持多做几道数学题、背几篇古文、学几个新单词等。在攻克阶段性小目标的过程中，青少年慢慢地就能够养成勤奋学习的好习惯，乃至最终有一天实现原先设下的长期目标。

"冰冻三尺，非一日之寒。"青少年想要克服懒惰需要长久的坚持和不懈的努力。若是每日都能够战胜懒惰，今日事今日毕，将勤奋学习变成生活的一部分，克服懒惰也就不那么困难了。

怀有好奇心，每天都会有新发现

"恰同学少年，风华正茂；书生意气，挥斥方遒。"青少年如初生牛犊，恣意张扬，有仗剑天涯的勇气和胸有成竹的自信，内心充满了对未来的向往和好奇。好奇心，是青少年探索世界的初始源动力。

好奇心的作用

好奇心对于青少年而言尤其珍贵，它能点燃青少年学习的动力，亦能帮助塑造青少年的健康人格。

★ 好奇心是青少年学习的动力

好奇心源自内心对未知事物的渴望，是求知欲的体现。因为好奇，人们尝试着将想法付诸现实，并在摸索和学习过程中不断地吸取教训，获得新的认识，积累新的经验。

古今中外，有很多科学家都是在好奇心的驱动下不断探索、学习并最终有所成就。例如，牛顿因为好奇苹果掉在地上的原因，发现了万有引力；瓦特因为好奇蒸汽的力量，发明了蒸汽机；等等。在这些家喻户晓的名字中，一定有青少年熟悉的科学家，他们都是值得青少年学习的榜样。

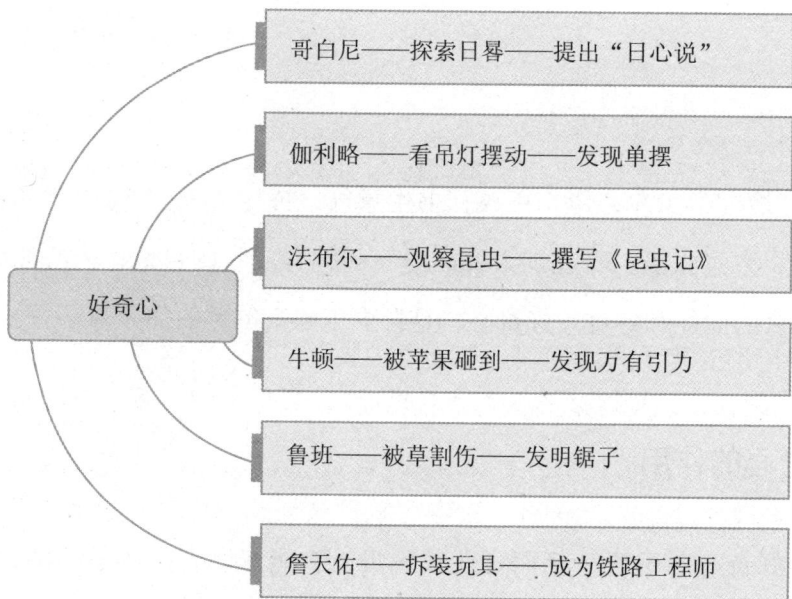

好奇心

- 哥白尼——探索日晷——提出"日心说"
- 伽利略——看吊灯摆动——发现单摆
- 法布尔——观察昆虫——撰写《昆虫记》
- 牛顿——被苹果砸到——发现万有引力
- 鲁班——被草割伤——发明锯子
- 詹天佑——拆装玩具——成为铁路工程师

好奇心激发学习动力，收获成就

青少年正处于认识世界、探索世界的阶段，好奇心是认知发展的推动力。在好奇心的驱使下，青少年日复一日地跋涉在学习的路途中，孜孜不倦地探索未知、提出问题，并尝试着将内心的想法付诸实践，在学习和探索的过程中，心智也会逐渐趋于成熟。正是好奇心给予了青少年源源不断的学习动力，推动他们向前进步。

★ 好奇心帮助提升青少年的学业成就和幸福感

一个人如果对未知毫无探寻的兴趣，可能慢慢就会失去生活的热情。而那些永远对世界、对未知保持强烈好奇心的人，通常有着巨大的能量和过人的创造力。

从某种角度而言，好奇心是精彩人生的引擎，能帮助青少年提升学业成就和幸福感，从而进一步塑造青少年的健全人格。芬兰的基础教育冠绝全球。近年来有一项基于芬兰青少年群体的心理学研究发现，好奇心强弱与青少年的学习成绩正向相关。青少年保持好奇心，就会对外界怀有强烈的求知欲，在好奇心和求知欲的驱使下，他们如饥似渴地认识新事物、学习新知识，学习动力越来越强，学习成绩也越来越好。

青少年保持好奇心，才更容易保持对未来的期待，才更敢于挑战自我、不断尝试，而随着好奇心的满足，青少年的人生也变得更加有趣、更加丰富、更加幸福。好奇心较强的青少年，他们的生命满意度往往更高，积极情绪更多，生活目标感和希望感更强烈，会拥有更高水平的主观幸福感。

青少年如何守住好奇心

想要活得充实、精彩，就要对生活保有好奇心。那么，青少年要怎么做才能守住这份好奇心呢？可参考如下建议。

第一，留心观察，注意细节，为自己创设"问题情境"。那些喜欢观察生活细节的人通常有着旺盛的好奇心，他们时不时会问自己一句"为什么"，然后积极地展开思考，深入设想种种解答方案。

青少年不妨也去多多留意生活、学习中的细节，不断地为自己创设"问题情境"，这样做除了能培养青少年的好奇心外，还能锻炼发散性思维，提升逻辑思维能力和创新能力。

第二，说做就做，亲自动手去实践。只想不做也会消磨青少年的好奇心，很多时候，亲自动手去解决问题反而能够进一步激发青少年的好奇心和探究欲。在追寻答案的过程中，青少年的好奇心会一点点转化为满足感、成就感、价值感，从而让其对下一个问题产生更浓厚的好奇心和探究欲。如此正向循环，推动着青少年不断地向前进步，慢慢开阔视野，丰富自身心智和知识。

学会独立思考，训练审辩式思维，充实精神世界

青少年在学习过程中会遇到各种各样的问题，找到多种多样的解决方法。这些方法或许都能够解决问题，但要找出最适合自己的就需要进行独立思考，训练自我的审辩式思维，从而丰富、充实自我的精神世界。

独立思考的重要性

"学而不思则罔，思而不学则殆。"青少年正处于求学阶段，如果缺乏独立思考的能力，就很容易在生活中、学习中丢失自己独特的洞察力和判断力，变得趋从大众、迷信权威，进而失去大胆探索的勇气和能力。

青少年缺乏独立思考能力，哪怕废寝忘食地苦读，也只能学到一些僵化刻板的知识，无法深入理解知识背后的内涵，更无法举一反三、灵活运用，这显然不利于日后的长远发展。

唯有学会独立思考，将"学"与"思"深入结合起来，学思并进，才能真正地消化在课堂上、书本上学习到的各种知识，并将其内化成经验、智慧，帮助自己顺利通过后续的学习考验。

另外，对于青少年而言，只有学会了独立思考，才能在众说纷纭的世界里坚守自己的观点，不随波逐流、人云亦云，为青春注入思想的光芒。

在独立思考的基础上培养审辩式思维

青少年学会独立思考后，渐渐地就会拥有审辩式思维能力。那么，究竟什么是审辩式思维，青少年在日常的学习和生活中又该如何培养独立思考的能力、如何训练审辩式思维能力呢？

⭐ 什么是审辩式思维

审辩式思维，又被称为批判性思维，虽然不同学者对审辩式思维的内涵有着不同的理解，但一般而言，审辩式思维是立足于批判精神，运用批判技能，全方位、多角度地审查信息和事物全貌，并质疑、分析、解释、评价、判断信息和事物真假好坏的一种思维方式，是一种谨慎思考和理性思考的过程。审辩式思维并非天生就有的，而是需要人们在不断学习和实践的过程中逐步训练和提高的一种思维能力。

审辩式思维对青少年的学习和生活具有重要意义，是我们学校教育的重要目标，更是 2022 年版义务教育新课程标准中所明确要求掌握的思维能力之一。其实，古人也早已认识到了这一思维能力的重要性。作为"四书"之一的我国古代儒家经典《中庸》里就写道："博学之，审问之，慎思之，明辨之，笃行之。"这一理念揭示了帮助古代学者取得学业和事业成功的学习方法的精髓，其中正暗含了审辩式思维理念。对于知识的学习，光是博闻强记是不够的，还要学会全面思考、准确判断，并时不时地向他人提问请教，最后还要学会将"死"的知识化为"活"的实践经验。

这对于青少年的启示是：在学习课本上的知识、听取他人的经验和掌握特定技能的过程中，一定要秉持审辩式思维理念，综合所有信息对这些知识、经验、技能的准确性、适用性等做出客观、全面的评价，并选择性地去汲取、吸收真正有价值的内容。

可以说，"慎思、明辨"是审辩式思维的核心思想之一，审辩式思维要求青少年学会独立思考，审辩式地看待世界。

⭐ 青少年如何培养独立思考能力、训练审辩式思维

青少年想要做到独立思考，审辩式地看待世界和他人，就要有独上高楼的勇气，坚持自我且始终保持客观、公平、合理的判断。具体可参考以下建议去培养自己独立思考的能力、训练审辩式思维。

第一，在学习课本知识或进行课外阅读的过程中，不妨"脑眼结

合", 一边看一边思考。比如, 当学习到一个新的公式时, 不要急着去死记硬背, 不妨先思考一下这个公式的推导依据、形成原理。为了理清思路, 可以在稿纸上演练一番, 也可以寻找其他学习资料, 佐证自己的想法。这一过程便是独立思考的过程, 能帮助青少年更深入地理解知识点, 形成深度记忆。

第二, 学会"质疑提问"。青少年在学习知识、听取他人经验时, 要发挥质疑精神, 多问几个"为什么", 而不要只是被动地接收。

常规性提问有"这个定理有什么作用?""为什么要学习这个定理?""怎么去学习这一定理?"等。高阶版提问如"这个定理一定具有普适性吗? 会不会有特殊情况存在?""能用这一定理推导出其他定理吗?"等。运用这种方式也能训练自己的逻辑推理能力。

第三, 看待问题时, 注意从纵向、横向及反向等多方向、多视角出发进行思考。事物的发展往往具有多面性, 有利就有弊。能够权衡利弊是独立思考、审辩式思考的重要标准。青少年在学习过程中要全方位、多角度地分析问题, 找出对事物发展影响最大的一方面, 在此基础上做出判断。这样才能保证独立思考和审辩式思考的结果是基本正确的, 不至于犯下重大的错误。

第四, 提高眼界, 积极扩充知识面。青少年想要提升独立思考能力、训练审辩式思维, 不妨通过各种渠道去汲取知识、开拓思维, 比如广泛阅读、参观当地博物馆、课后参与线上公开课学习等。这些方法能有效丰富青少年的精神世界, 帮助其拓展知识面, 改变其看问题的角度。

学会专注当下，提升学习效率

良好的专注力是提升青少年学习效率的重要能力，当青少年专注于学习这件事时，会全身心地解决当下的学习问题，学习的成效自然也会得到提高。

认识专注力

专注是将注意力集中在某件事上的表现。当青少年集中注意力阅读、思考、计算、写作时，大脑会排除杂念，进入高速运转的状态，学习的效率自然就能够得到提升。

在这里需要特别强调的是，专注力不等于注意力。有很多青少年将专注力与注意力混为一谈，其实是对专注力认识不足的表现。

专注力是一个人将自己的思维、记忆、想象、执行、反馈等活动都有意识地、坚定地、持续地集中于当前所面对的事情上的能力，是一种需要经过后天的培养才有的能力；注意力是一个人对当前所面对的事情的关注能力，是一种天生就有的能力。

这样做，提高学习专注力

⭐ 创造良好的外部环境

良好的专注力需要有一个良好的环境支持，青少年要懂得为自己的专注创造一个良好的外部环境。

试想，如果让你选择一个阅读场地，操场或是图书馆，你会选择哪一个呢？想必绝大多数青少年都会选择在图书馆读书，这是因为图书馆具有安静、尚学的氛围，是读书的绝佳环境。

专注力的培养也需要良好环境的支持，当青少年想要提高自己的专注力而又不知道从何做起时，不妨先给自己选择一个安静的环境，减少外界的干扰因素，让自己安静下来，能够拥有一个适宜的环境长时间地专注于某一件事，避免自己在做事情时被外界的人或事打扰。

当青少年习惯于这种专注于某件事的身心状态时，青少年的专注力也会自然而然得到提高。

⭐ 让自己安静下来，勿念杂事

任何人是否能专注于一件事，都会受到外因和内因的影响。青少年培养自己的专注力，挑选适宜的学习环境是从外因的角度为学习创造良好条件；从内因的角度来说，青少年要从意识和行为的自控方面来培养和提高自己的专注力。

青少年可以先从自己感兴趣的事情开始培养和提高自己的专注力。就训练学习上的专注力而言，青少年可以选择自己感兴趣的一门学科，坚持阅读、书写或计算，在完成当下学习时，无论身边发生什么事情，都不去关注。让自己全身心地投入眼前所做的事情，为完成当下的学习目标而持续付出行动，如读完 20 页文章、背诵 50 个单词、做完一套试卷等，直到当下学习任务完成。在学习期间，真正做到"两耳不闻窗外事，一心只读圣贤书"。如此，专注力会大有增长。

⭐ 控制"欲望"，专注当下

专注力的养成和提升不是一蹴而就的，需要不断地刻意训练。

很多青少年在学习时，总是会伴随着这样的情况：一会儿找橡皮，一会儿找水喝，一会儿去一趟厕所，一会儿又看到书桌很乱，于是赶紧收拾整洁，本来想查难懂字词，拿起手机看到娱乐资讯又忍不住点进去浏览一番……好不容易安静下来想要学习又发现了新的事情忍不住去做，学习迟迟难以开展或进展缓慢。

不可否认，强大的专注力的养成对青少年来说是极大的挑战，青少年必须在学习过程中克服分心冲动，控制自己想做与学习不相关的事情的"欲望"，学会自控，不分心去想其他事情，不分心去做其他事情，才能不断提高学习的专注力，提升学习效率。

努力坚持，所有学习困难终将被克服

坚持是长久的积累，是静默的蓄力。自古以来，成大事者都经历了漫长的坚持。诚然，不是所有的坚持都有美好的结果，但放弃终将一事无成。

坚持是学有所成的基石

坚持，是青少年非常可贵的一种精神和能力，是青少年学习路上的重要帮手。

学习是一件可以终身从事的事情，对于青少年来说，持续地保持对学习的激情并非易事，新课文、新词语、新习题不断出现，掌握一个词语之后还有更多词语需要学习，解答一道习题之后还有更多的习题需要练习，学习好像没有尽头，但有一点是可以明确的，学习的良好基础和思维能力正是由一个个词语、一道道习题积累而成的。

古往今来，无数名人也身体力行地验证了坚持的重要性。李白小时抗拒学习，受老妇人"铁杵磨成针"的启发而知晓坚持的重要性，终成流传千古的大诗人；李时珍撰写《本草纲目》，前后用了二十七年；爱迪生为找到适合电灯的材料，经历了上千次实验才最终成功。唯有坚持积累，才能为学有所成奠定坚实的基础。

坚定信心，不轻言放弃

学习是需要青少年付出艰辛努力的，类似一个不断"闯关"的过程。在学习的过程中，青少年难免会遇到各种各样的困难和问题，面对这些困难和问题，任何一个青少年都需懂得"坚持到底，永不放弃"的道理。

青少年对自己的学习要有信心，遇到困难和问题要想办法解决，找到适合自己的学习方式和方法，积极寻求同学、老师、父母的帮助和指导，不断克服困难、解决问题，并从一次次"闯关"经历中收获成就感，进一步坚定学习的信心。

制订循序渐进的学习计划

青少年要学会为自己制订学习计划，通过计划让自己的学习变成一件可以持续的事情，当学习能持续进行的时候，学习这件事本身也就坚持了下来。

　　需要特别提醒青少年的是，学习计划应结合自己的实际情况来制订，切勿好高骛远，使计划内容超出自己的能力范围，否则会增加计划开展的难度，让计划难以坚持，学习也会因此中断。青少年的学习计划应该是循序渐进，可操作可实施的，如此学习行为才能持续开展。

　　总而言之，当青少年有了坚定的信念，有了持之以恒的毅力，并奔着目标不断努力时，学习困难终将一一被克服，学习力也会随之提升。

做情绪的主人，让快乐成为习惯，好情绪助力好成绩

情绪是人的心理状态的外在表现，高兴、悲伤、恐惧、愤怒、焦虑……都是情绪的不同种类。青少年正值青春期，情绪容易波动，有时甚至难以控制情绪，进而影响学习、生活甚至未来的发展。所以，青少年要学着做情绪的主人，无论在学习中还是生活中，应时刻保持着乐观向上的积极情绪和态度，让快乐成为习惯，愉快地学习，轻松地进步。

青少年的情绪特点

青少年进入青春期后，受到生理因素的影响，情绪会出现较大的变化，具体表现在以下三个方面。

其一，情绪波动大、不稳定。青少年进入青春期，雄性激素和雌性激素分泌明显增加，肌肉和体格逐渐变强壮，大脑的前额叶皮层等也在加速发育。总之，青春期的生理和心理都发生了很大的变化，这使得青少年的情绪感受增强，情绪的波动起伏很大，甚至喜怒无常，可能上一秒还很开心，下一秒就突然变得忧郁。

其二，情绪敏感，在意父母和同学对自己的评价。进入青春期，大部分青少年独立意识觉醒，自我中心主义较强，更在意同学和朋友怎样看待自己，更加留心自己在别人心目中的形象，对同学和朋友的评价也更加敏感。有时候会因为太在意别人对自己的看法而委屈自己、压抑自己的情绪、屈从于同学和朋友的压力。

其三，压力大时，情绪和生理反应也较剧烈。青少年对压力事件的反应更激烈，面对压力时可能会出现心跳加快、手心冒汗、失眠等生理反应，同时对愉悦刺激的体验感受也更强烈，可能会出现吸烟、喝酒等不良行为，会去追求以前从未有过的新异体验。

情绪会对青少年的学习产生影响吗

情绪是否会对青少年的学习产生影响？答案是肯定的。著名积极心理学家芭芭拉·弗雷德里克森提出了积极情绪的拓展与建构理论，认为当青少年处于兴奋、快乐等积极情绪状态时，视野开阔、思维敏捷、注意力集中，学习的效率更高；相反，当青少年处于郁闷、失落等坏情绪状态时，眼光狭隘短浅、思维迟钝、无法专心致志，学习的效率自然就降低了，如果青少年一味地沉浸在坏情绪中，不仅无法静下心来学习，对生长发育也有着不利的影响。所以，控制和调节情绪也是青少年在学习过程中不可忽视的一项重要内容。

合理调节情绪，让好情绪带来好成绩

青少年要努力成为情绪的主人，避免坏情绪的干扰，以免对学习造成负面影响。毕竟青少年的情绪的好坏往往与其学习成绩高低相关，大多数情况下，积极、快乐的情绪才能带来更好的学习成绩。

当坏情绪占据了内心时，青少年要及时转移想法，让自己从消极悲观的怪圈里跳出来，进行自我调节，避免沉溺于坏情绪的漩涡之中。具体可以采用如下做法。

⭐ 做让自己开心的事

当感到悲伤、苦闷时，青少年可以尝试转移注意力，做一些能够让自己开心的事。例如，吃一些好吃的，去户外散步，听一首快乐的曲子，看一场喜剧电影，去一个风景优美的地方等。

⭐ 合理宣泄情绪

当产生坏情绪时，合理地进行宣泄常常能够将坏情绪一扫而光，让青少年重新找回快乐。宣泄情绪的方法有很多，青少年不妨尝试以下几种宣泄情绪的方法。

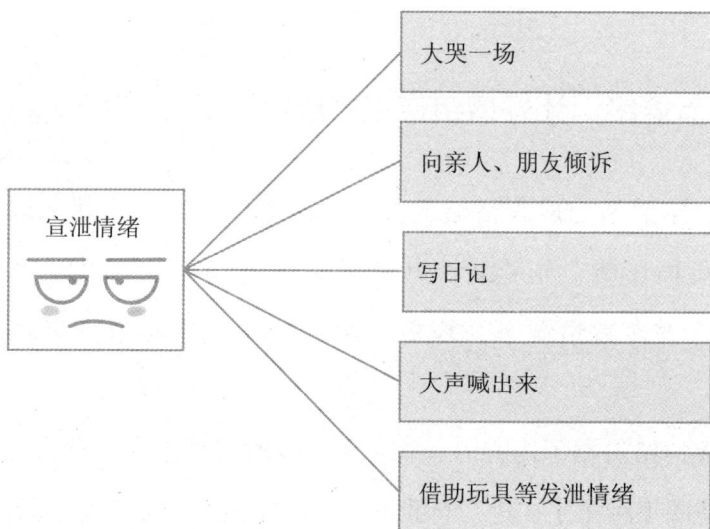

宣泄情绪 → 大哭一场

宣泄情绪 → 向亲人、朋友倾诉

宣泄情绪 → 写日记

宣泄情绪 → 大声喊出来

宣泄情绪 → 借助玩具等发泄情绪

青少年宣泄情绪的方法

★ 与快乐的人在一起

当身边的人都处于快乐的情绪中时，我们也会受到感染，感到快乐；当身边的人都处于悲伤的情绪中时，我们也可能不自觉地感到悲伤。情绪也会传染，因此青少年可以尝试与快乐的人在一起，让朋友带动自己变得快乐。

青少年处于身体发育的关键时期，出现情绪波动是正常的事情，青少年要充分认识这一点，正确看待情绪问题。当产生负面情绪时，青少年也不用感到害怕，可以尝试采用合理的方法调节情绪，逐渐成为情绪的主人。当快乐的情绪持续占据主导地位时，就会形成乐观向上的心态，这将给青少年带来源源不断的力量，提高青少年的学习力和学习效果。

规律作息，充足睡眠，营养均衡，让身体充满能量

　　青少年学习科目多、学习任务重，一旦得不到好的休息或饮食不规律、营养不均衡，将会大大影响学习效果。所以，青少年要保持规律作息和充足的睡眠，合理饮食、均衡营养，这样才能够让青少年身体充满能量，提升学习效率，从容应对学习任务。

合理作息，让身体更有力量

★ 合理作息的好处

　　合理作息能够帮助青少年养成良好的生活习惯，保持身体健康，让身体更有力量。只有身体健康有力量，青少年才能有充沛的精力去学习，保证学习生活一切顺利。

一些青少年作息时间安排不当，白天的时候贪玩，导致作业完不成，只能熬夜学习；而晚上熬夜，又会导致睡眠不足，白天就会犯困，上课打瞌睡，看书走神，一整天无精打采。长此以往，不仅影响身体健康和身体发育，还会造成注意力不集中、记忆力下降等问题，最终影响学习效率和学习成绩。可见，紊乱的作息是不可取的。

青少年要保持合理的作息，充分利用好白天的时间，合理安排学习和娱乐活动，这样才能保持身体健康，提高学习效率，提升学习力。

⭐ 科学制定作息时间表

想要过有规律的生活，青少年可以尝试着为自己制定一份作息时间表，按部就班地安排自己的学习和生活。

制定作息时间表时，要注意以下事项。

第一，这份作息表的时间规划要科学合理、切合实际，尽量细致、具体。青少年可根据自己的学习进度、每日的课程安排去规划学习时间和休息时间，做到有张有弛，令自己保持学习动力。

另外，作息表上的时间设置可以具体一点，比如放学回家后6：00—7：00是晚饭时间，7：30—9：30是写作业、学习的时间，9：40—10：10是课外书阅读时间，10：30准时睡觉，等等。具体的时间安排需要青少年结合自身情况自行决定。

第二，作息时间表可随着现实情况的变化不断更改。比如寒暑假时，这份作息时间表就变得不那么适用了，这时候青少年就要针对实际情况对作息时间表上的内容进行修改、补充和调整。

充足睡眠，让学习更轻松

⭐ 充足睡眠的好处

睡眠不足除了影响青少年的身体发育外，还会影响其情绪稳定及心理健康，唯有保持充足的睡眠，青少年身体上的疲劳才能及时得到消除，心理上的种种不适也能得到缓解。哪怕学习任务再繁重，也能精力充沛、游刃有余地去应对。

另外，人在进入深度睡眠状态时，大脑才能放松下来，得到彻底的休息，经过充足休息过的大脑在记忆力、专注力、创造力等方面都会有显著的提升。因此，青少年需要每天睡足、睡好，随着记忆力等诸多能力的提升，学习起来才会更轻松、顺畅。

⭐ 青少年如何改善睡眠质量

学习压力大的时候，青少年往往睡不好。想要改善睡眠质量，拥有充足的睡眠，就要注意以下事项。

第一，为自己设定特殊的"焦虑时间"。青少年要懂得排解学习压力，有意识地舒缓、释放焦虑情绪。不妨每天为自己设定"焦虑时间"，将所有的焦虑、担忧一股脑地集中在那一时间段释放。比如，每晚洗澡洗头时，或吃完晚饭后的半小时，将自己感到困惑、不安的问题逐一在心里列出，并思索解决问题的方法，然后加以释放。

而在睡前，青少年要给自己这样的心理暗示：所有的焦虑都已经在"焦虑时间"里释放，现在是"睡眠时间"，所以什么也不要想，先安心睡觉，等睡醒后再考虑那些问题。

第二，睡前听舒缓的音乐，或喝一点热牛奶，保证心情舒畅。对于大多数人而言，睡前听节奏优美的轻音乐能有效舒缓压力、改善睡眠。热牛奶也有一定的安神、助眠作用，睡前可以适当喝一点，但是要注意不要喝太多，以免夜晚起夜上厕所的次数过多，影响进入深度睡眠。总之，睡前做一些令自己心情舒缓、愉悦的事情能有效改善睡眠质量。

第三，早睡早起。青少年学习压力大、学业任务重的时候，反而不要熬夜去学习，否则只会令白天更疲累，精力愈发涣散，学习起来也就更吃力，而且也会严重影响睡眠质量。

青少年若能做到每天清晨早早起床，夜晚更早一点就寝，反而能让睡眠质量更稳定。早睡早起也能够让青少年在白天精力充沛，全身心地投入学习，顺利完成学习任务。早睡早起还能够让青少年保持身体健康，在学习之路上走得更远、更健康。

营养均衡，让青少年健康成长

⭐ 营养均衡的好处

青少年正处于人生的关键时期，这一时期，青少年的身体快速发育，生理上产生种种变化，身体的营养需求也大幅增加。这时候保证饮食科学、规律，均衡摄入各类营养，能满足青少年身体发育和智力发育的需要，帮助青少年增强体质、预防各种疾病，令青少年精力充沛地应对学习上的种种挑战，更加健康、茁壮地成长。

⭐ 青少年如何保证营养均衡

健康的饮食方式能令青少年受益终身。青少年要合理安排自己的日常饮食，培养良好的饮食习惯，在这一过程中需注意以下事项。

第一，三餐规律进食，不挑食，摄入多样食物。青少年应按时、定量地摄入三餐，尤其是要注意千万不能不吃早餐。早餐要尽量吃得丰富一些，保证营养充足，为一天的学习提供能量。午餐与晚餐要适量，但在食材的选择上可多样化一些。肉类可选择鸡肉、鱼肉、牛肉等，蔬菜水果的选择更要多样，可选择更多应季、新鲜的蔬菜水果来食用。

除了肉类、蔬菜水果外，每日还要摄入一定的谷薯类、大豆坚果类食物。不存在乳糖不耐受情况的青少年每日还可摄入适量的奶类，这些都能促进青少年身体和大脑的健康发育。总之，青少年要改掉挑食的坏习惯，不要吃单一食物，要确保饮食多样化，这样才能确保营养均衡。

第二，注意烹饪方法，要少盐、少油和少糖。食用的食材再新鲜、再健康，若采用不健康的方法去烹调，也会对身体健康造成影响。所以要采取少盐、油或糖的烹饪方法，如蒸、煮、炖等，培养清淡口味，减少盐、油、糖的摄入。

第三，少吃零食。青少年如果吃太多薯片、辣条、糖果等高热量、口味好却不那么健康的零食，对正餐的兴趣可能就会大大减少。为了保证饮食规律、营养均衡，青少年平时应该少吃一点零食，少喝碳酸饮料。

坚持体育锻炼，身体好才能学习好

青少年每天坚持运动，养成锻炼的好习惯，能够强健体魄、养精蓄锐，为艰苦的学习生活提供能量保障。

体育锻炼的益处

体育锻炼能帮助青少年增强身体机能。青少年在学习之余，多进行体育运动，有利于增强心肺功能、改善体质。另外，运动心理学研究发现，体育锻炼，尤其是有氧运动还能帮助提高青少年的注意力和记忆力等认知能力，这些认知能力都可以进一步迁移运用到学习中，从而提升学习效率。

体育锻炼能有效帮助缓解青少年的课业压力。在课后，时不时酣畅淋漓地运动一场，能有效消除学业压力带来的负面心理影响。

体育锻炼能够磨炼意志。学习从来就不是一件简单容易的事情，需要我们刻意训练和努力，充分发挥人的主观能动性。青少年想取得良好的学习成绩，就需要有强大的意志来对抗学习的枯燥，这种意志可以通过持续的体育锻炼来培养获得。

适合青少年的体育锻炼项目

养成坚持运动的好习惯，对青少年益处多多。现实生活中，适合青少年的体育运动项目有很多，具体介绍如下。

第一，磨炼意志的运动，如慢跑和快走这类有氧运动。青少年在锻炼过程中，需要不断地坚持，并与放弃的念头做对抗。每一次对抗并战胜自己，都是一次坚定意志的过程，逐渐坚定的意志会在日后的学习过程中起到至关重要的作用。但要注意的是，长跑不能安排在饭后立即跑，这样可能有导致肚子疼和胃下垂的风险，也不宜安排在课间，否则会加重机体的负担，影响课堂学习表现。在校内最好的长跑时间应该安排在晚饭之前的最后两节课上。

第二，竞技类运动，如大小球类、摔跤运动等。体育竞技的竞争性会刺激大脑做出积极的反应，不仅能够促进运动感知与动作协调，还能灵活青少年的思维，激发大脑潜能。尤其是竞技类运动的对抗性与竞争性等特点，则可以磨炼青少年在学习竞争和比拼中的意志品质。

第三，平衡性运动，如单脚深蹲、弓步起跳等。青少年经常处在坐姿状态下进行学习，长此以往，势必造成身体核心力量和爆发力的下降，而平衡型运动可以在很大程度上改善这种情况。

学习正念冥想，减轻学习压力，
变压力为动力

　　青少年常常会因学习压力大而感到烦恼，而学习正念冥想，能有效调节负面情绪，减轻学习压力，乃至大大提升专注力和学习效率。

什么是正念冥想

　　正念冥想是一种能够使人摒除杂念、放下焦虑，从而达到身心平静的心理训练方法。

　　正念冥想在当代心理学家和成功企业家中备受推崇，起初被用于治疗和缓解焦虑、抑郁和失眠等心理疾病。它能够通过放松大脑神经的方式显著缓解人的压力，具有增强注意力和记忆力、提升睡眠质量、降低情绪内耗等作用，从而全面有效地提升身心健康。

在学习过程中，巧妙运用正念冥想，可以提升青少年的专注力和自控能力，显著改善青少年在学习中出现的精神不集中、浮躁、"坐不住"等问题，调节和减轻青少年的学习压力，促进青少年产生正面情绪，使青少年能够"活在当下"，聚焦完成当下的学习目标，在学习的过程中摒除杂念，快速进入学习状态，从而提升自己的学习效能。

青少年练习正念冥想能提升专注力和自控力

正念冥想的练习方法

正念冥想包括"正念练习"和"冥想"两部分，是一种将两者有机结合的训练方法。

开展正念练习，是为了锻炼人的"正念觉察"。例如，当你在吃饭时，你的正念觉察应该是仔细品尝食物的味道而不是想着其他事情。也就是说，吃饭的"正确打开方式"就是专注于吃饭的当下，你只觉察到你正在好好享受美味，慢慢体会舌尖上产出的各种味觉，而不是一边吃饭，一边玩手机、看电视。

对于青少年而言，正念练习能够帮助青少年将自己的感觉聚焦于当下，比如休息的时候就好好休息，而不会被学习上的压力所干扰；学习的时候就只专注学习，不会被学习之外的事情打断专注力。

青少年可在平时的生活和学习中随时随地进行这种"正念觉察"训练。首先，内观。在日常生活、学习中，青少年要有意识地关注自己身上的一切，观察自己的行为。在这一阶段，青少年仅仅做到察觉即可，而不需要做任何联想或分析。

其次，外察。平时，青少年可细心留意身边的事物，包括一切平时忽视的细节，如课堂上老师所讲述的一段话语，课本上的某道练习题等，可以不做具体的联想、思索，只需单纯审题，弄懂话语、题目的含义。

冥想练习，可以按照如下简单的步骤进行。

第一，寻找一个安静舒适的场所，将身体保持在一个最舒服的姿势，放一段空灵的音乐作为冥想背景音乐。

第二，闭上眼睛，体察呼吸，察觉自己身体的脉搏，将自己的气息调整到一个自然的节奏，慢慢感受空气在鼻腔中的一进一出，在一吸一呼中，从头到脚、从上到下"扫描"自己的全身。

第三，放松身心，将意识安置于当下，直到所有杂念都被放空后睁开眼睛。

　　无论是进行正念练习还是冥想练习，都是为了让青少年专注于当下。当青少年将所有的注意力集中于当下的行为时，心情也会慢慢放松下来，学习压力也会一扫而空。随着练习次数越来越多，每次正念冥想的持续时间也越来越长，减压效果也越来越明显。这样经常、反复地训练，能帮助青少年提升专注力，在学习的道路上保有持续的热情。

第三章

唤醒学习动力，让学习更持久

良好的学习动力能让青少年始终保持足够的学习热情，终身受益。

　　青少年往往好奇心强，但专注力不足，自控力不够，缺乏学习的积极性，这需要青少年找到适合自己的学习方式，以不断激发自己的学习动力。如果能唤醒学习动力，就能为学习提供足够的动力支持，进而让学习活动更持久。

先定一个小目标，调动学习的积极性

目标是学习的灯塔，科学合理的学习目标能指引青少年踏实奋进，激励青少年积极地投入学习之中。

目标虽小，激励作用却大

这里的"小目标"是指青少年通过自身努力能在短期内实现的目标，它们犹如学海中的灯塔、学习之路上的路灯，激励青少年稳步前行。

对于大多数青少年来说，学习是一件比较辛苦的事情，如果没有明确的目标，就会陷入学习的"苦海"而迷失方向。

当在学习过程中有明确的目标时，随着不断接近和一次次地实现学习目标，青少年就能看到辛苦努力的收获，体会目标达成的喜悦，从而有效调动学习的积极性。

学习目标应该包括哪些内容

学习目标如此重要，那么什么样的目标是科学合理的学习目标呢？青少年在制订学习目标之前，不妨先来了解一下学习目标的基本构成要素。

学习目标由三个基本要素构成，即时间、分量、难度。具体来说，青少年的学习目标应该是在一定时间期限内的、可以通过客观数据来判断的、具有一定挑战性的目标。

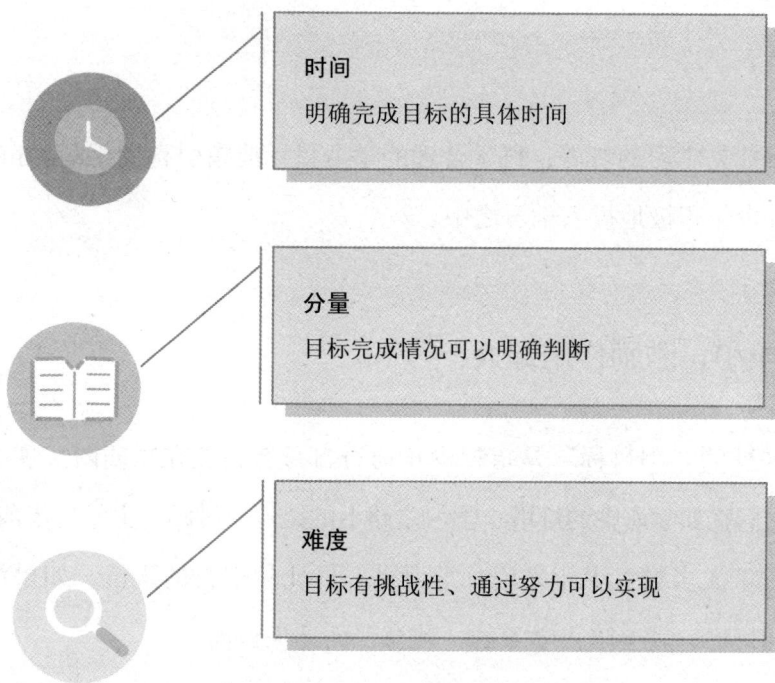

时间
明确完成目标的具体时间

分量
目标完成情况可以明确判断

难度
目标有挑战性、通过努力可以实现

青少年学习目标的基本构成要素

青少年可以这样制订目标

一个好的学习目标能指导青少年高效率地完成学习任务，并在学习过程中始终保持足够的学习动力。那么，如何制订学习目标呢？青少年可以参考以下几点建议。

⭐ 目标应适合自己

很多青少年在制订学习目标时毫无头绪，于是盲目照搬他人的经验，奉行"拿来主义"，将别人的学习目标直接套用在自己身上，最终却发现学习效果往往不尽如人意。

为什么别人已经验证过的、成功的目标却没有让自己取得如期的进步呢？究其原因，在于每个人的知识结构、思维方式、学习习惯、认知能力等各不相同，他人的目标并不一定适合自己，也就无法对自己起到良好的激励效果，目标的实现效果自然也会大打折扣，与心中期望的目标相差甚远。

因此，青少年应充分考虑目标的时间、分量、难度，切勿照搬他人的目标，要真正找到适合自己的学习、阅读、锻炼等目标。只有适合自己的目标才是有效的目标。

⭐ 目标要有激励作用

合适的目标一定能对青少年的学习行为起到激励作用。青少年的学习目标是否具有激励作用，涉及学习目标的难度问题。

如果学习目标过低，青少年轻轻松松就能实现，目标则缺乏挑战性，无法激起青少年的斗志，自然也就不具有激励作用。

如果学习目标过高，青少年即便付出艰辛努力也无望实现，那么该目标就会成为空谈，不仅无法对青少年起到激励作用，反而还会打击其学习积极性。

根据心理学家维果茨基的"最近发展区"理论，青少年的学习目标应具有一定难度，但通过刻苦努力有实现的可能。所谓"跳一跳，摘桃子"，努力跳起来能够得着的目标，才是适合青少年的最佳学习目标。

⭐ 目标要明确、细致

学习目标要明确，最好用具体的数据来表明目标，这样目标将更有指向性、引导性，更能起到督促作用。

例如，计划每天练字 1 小时，不如将目标细化为每天完成 8 页的临摹；计划每天锻炼 1 小时，不如将目标细化为每天跳绳 800 下＋俯卧撑 20 个＋ 1000 米慢跑。

让目标任务体现在具体的数据上，会让目标更清晰、明确，也便于青少年随时查看自己的实际表现与当日、当次目标之间的数据差距。

因为感兴趣，所以更愿意

兴趣是最好的老师，任何人做任何事情，只要是兴趣使然，就一定会专心、持久投入。青少年的学习亦是如此，良好的学习兴趣是推动青少年努力学习的强大内驱力。

培养兴趣的第一步：正视学习这件事

青少年学业压力重，要始终对繁重的学习保持足够的兴趣并不是一件容易的事情。

一些青少年厌学、逃学，很多时候是因为他们不能正视学习，无法端正学习的态度，自然也就找不到学习的兴趣。

在培养学习兴趣之前，青少年要先正视学习这件事。

学习是获得文化、科学、艺术等知识的重要方式，通过学习，可以穿越时空，亲历古今和未来，可以游历祖国和世界。所以，学习是积累经验、增长见闻、获得成功的过程，是乐事，而非苦旅。

当青少年充分认识到自己在学习中受益时，就能欣然接受学习这件事，并能进一步收获乐趣。

以好奇心和成就感激发兴趣

好奇心的重要作用已经在第二章详细论述过了。对所学习的内容保持好奇心，凡事多问几个为什么，甚至刨根问底，去一探究竟，是青少年找到学习兴趣的重要法宝。除此之外，青少年在学习中需要付出艰辛的努力，当这些努力回报给青少年收获时，会让青少年产生成就感，这种成就感会让青少年对学习保持足够的兴趣，推动青少年再次投入之后的学习。

⭐ 关注当下的挑战

挑战能激发斗志。当青少年能正视学习、做好迎接学习任务的准备时，也说明已经接受了来自学习困难的挑战，这种挑战会让青少年在接下来的学习中充满斗志、勇往直前。

遇到难解的习题、难背的单词、难读懂的文言文时，一点一点、一步一步去探索、攻克，积极寻求解决难题的方法，当终于解开难题、背会单词、理解文章大意时，成就感会油然而生。这便是努力付出应得的珍贵回报。

⭐ 畅想未来的收获

每一个青少年都有自己的梦想，或是职业梦想，或是生活梦想，而学习则是实现这些梦想的阶梯。当面对新内容的学习时，当在学习中遇到困难时，心中的梦想就会激发青少年不断努力和进取。只要一想到未来令人喜悦的收获，自然就会沉下心积极投入学习之中。

总结自己的弱点，集中攻克，不断提升和巩固

青少年年龄小、知识积累少、生活阅历少，因此会比成年人显露出学习上的更多弱点，但这并不代表青少年就一定不能克服弱点、突破自己。青少年要勇敢直面和善于总结自己的弱点，并找出克服这些弱点的方法，让自己成为学习的强者。

从发现弱点到提升自身，青少年需要经历以下过程。

第一，要及时发现学习上的弱点。

能发现自己学习上的弱点的青少年，是非常了不起的，说明他是聪慧而敏锐的。

当青少年在学习中遇到了困难，觉得自己无法独立应对时，就意味着他们有了自己学习上的弱点。有些青少年面对自己的学习弱点选择逃避，但更多的青少年能做到进一步思考，发现和认识自己的弱点，这就使接下来应对和战胜弱点变成可能。所以，青少年不要对自己的弱点视而不见，而要及时发现弱点并勇于面对。

第二，总结归纳学习上的弱点。

很多时候，学习上的不同弱点之间往往存在密切的关联，如动机不强、态度不端正、拖延、自律性差、阅读量不够、词汇量不够等，这些弱点会彼此助长，因此，面对这些学习上有某些共性的弱点，青少年可以选择"依次改正、逐一击破"。同时，青少年更要学会总结归纳自己学习上的弱点，将它们"打包处理、一网打尽"。

具体来说，青少年可以先有意识地在集中的几天内关注和观察自己的学习情况，总结自己在学习过程中暴露出来的弱点，并把这些弱点一一记录下来，然后针对不同的弱点进行分类、归纳，分析弱点出现的原因，分清先后和主次等。

第三，有针对性地克服学习上的弱点。

青少年可以针对自己学习上的弱点，找出攻克方法，并制订攻克计划，有步骤地及时克服。

第四，复盘、提升和巩固。

在及时克服学习上的弱点后，青少年还应做好复盘，预防弱点再次出现，并将专门针对弱点的攻克计划真正落到实处，付出实际行动不断提升和巩固自己。

为自己成长成才而学，提升学习内驱力

对于青少年来说，学习并不轻松，甚至是艰辛的。在学习之路上碰壁之后，很多青少年会发出这样的疑问："为什么要学习？"关于这个问题，先贤、伟人早已给出了答案。

孔子说："古之学者为己，今之学者为人。"孔子认为，学习是为自己而学，学首先可以"修身"，而非通过学习装点门面。

周恩来总理"为了中华之崛起而读书"，学习是为了追求个人崇高的理想，能够"齐家治国平天下"。

因此，青少年学习首先是丰富知识、自我成才，然后才是实现梦想，为社会和国家做出贡献。

青少年可以把学习的动机想得更实际一些。如当面对学习困惑时，想一想自己感兴趣的学科内容、运动项目、职业规划，甚至动漫游戏等，都需要掌握一定的知识和技能才能乐在其中，而这些都需要通过学习来实现；青少年未来想要从事的职业，同样需要学习足够的知识和技能才能胜任。

根据心理学家马斯洛提出的"需求层次理论"，在人类由低级生理需求到高级需求自下而上组成的金字塔模型中，最高级需求就是自我实现需求。

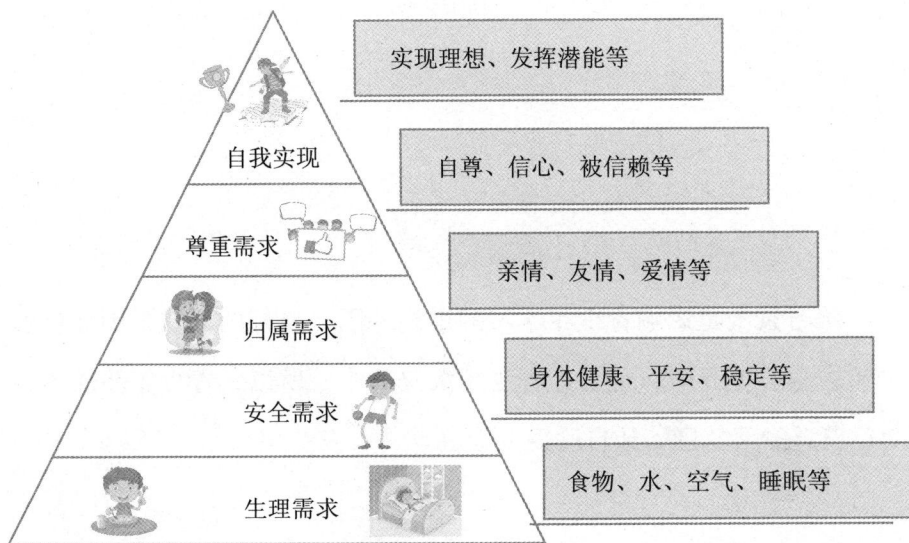

实现理想、发挥潜能等

自我实现

自尊、信心、被信赖等

尊重需求

亲情、友情、爱情等

归属需求

身体健康、平安、稳定等

安全需求

食物、水、空气、睡眠等

生理需求

马斯洛需求层次理论

这一著名的动机和激励理论明确启迪我们：无论是当下还是将来，青少年都应明白学习对于自我实现的意义，要为自己的人生负责，为实现自己的梦想而努力奋斗，如此才能提高学习的积极性和主动性，提升内驱力。

营造学习氛围，从此爱上学习

学习氛围是影响青少年学习的重要外因，良好的学习氛围能让青少年的学习更高效，也会让青少年沉浸其中。所以，青少年要懂得为自己营造学习氛围，让自己爱上学习。

学习受哪些外部环境因素影响

不可否认，青少年的学习深受外部环境因素的影响。根据心理学家布朗芬布伦纳的生态系统理论，这里的外部环境具体可分为两类，一类是"大环境"，一类是"小环境"。

一般来说，青少年面对影响自己学习的"大环境"，通常是无力改变的，如整个国家的教育政策、教育制度、社会风气、校风等。而面对影响自己学习的"小环境"，青少年可以通过自身努力去改变它，如教师的教学方式、班风、宿舍学习环境、家庭学习环境等。青少年可以对身处"小环境"中的老师、同学、亲友表达自己想要获得良好学习氛围的意愿，争取他们的支持和配合，从而为自己创设和营造良好的学习氛围。

"大环境"

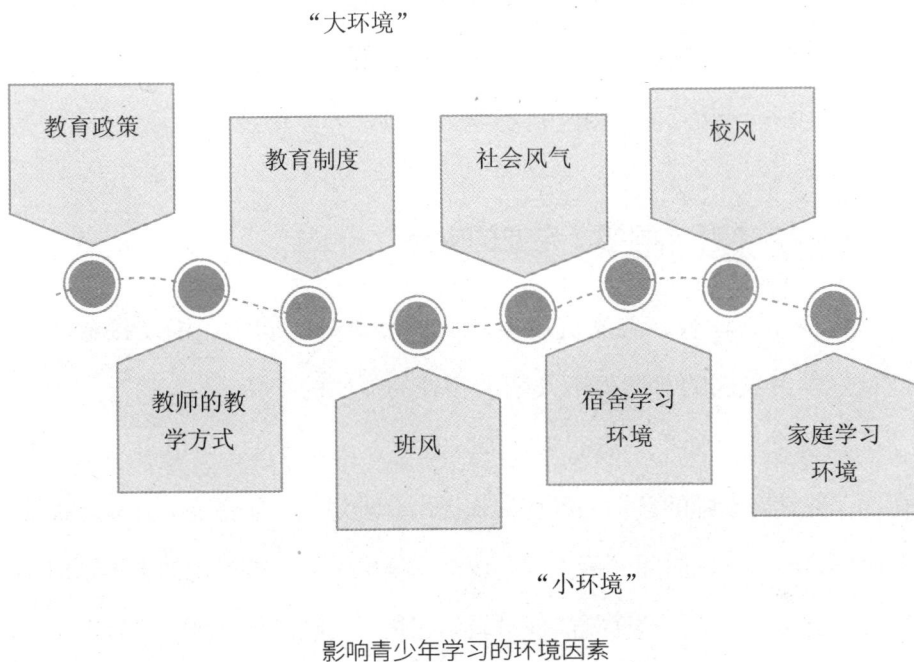

"小环境"

影响青少年学习的环境因素

良好学习氛围的营造

⭐ 自主营造良好的学习氛围

良好的学习氛围需要青少年自身去积极主动地创造，这是对自己的学习负责任的表现。青少年自主营造良好的学习氛围，需要从以下小事做起。

- 保持书桌整洁。

- 合理收纳自己的学习用品，不乱丢乱放。

- 学习时，保证书本页面有良好的采光。

- 学习时，身姿端正，站姿、坐姿良好。

- 不要一边学习一边听音乐或听广播。

⭐ 寻求老师、同学、亲友的支持

青少年在学校、在家庭中会长时间和老师、同学、亲友接触，因此良好学习氛围的营造离不开朝夕相处的他们的支持。

在课堂上，如果不能适应老师的教学方式和方法，可以寻求老师的帮助，并针对老师的教学内容和方式提出合理建议。如建议老师多增加课堂问答时间、互动时间，请老师创设教学情境、开展游戏化教学等，以丰富学习的愉快体验。这样既能促进教学相长，又能优化班级学习氛围。

对于青少年来说，尤其是寄宿在学校的青少年，无论是课上还是课下，大部分时间都会和同学相处在一起。当自己学习时，可以真诚友善地提醒正在讨论、做游戏的同学降低音量，或者可以与同学一起相约早读等，这些都是营造良好学习氛围的好方法。

在家中，当青少年在书桌前伏案学习时，可以提醒家人暂时不要使用洗衣机、吸尘器等会发出较大噪音的家电，看电视、玩手机也尽量调低音量。如果家中有人来做客或娱乐，可以关闭自己的房门以便能安静学习。

适时奖励自己，让学习不枯燥

学海无涯，学习是一件没有尽头的事情，但青少年大可不必死学、苦学，要学会在学习中适时奖励自己，为自己的学习增添一份信心和动力，让自己的学习过程能充满乐趣与惊喜。

认可自己的每一次进步

青少年的学习成果绝不是不劳而获，而是需要付出诸多艰辛努力才获得的，因此青少年应该认可自己的每一次进步，肯定自己，提高学习的自信心。

学习不是一帆风顺的，青少年在学习过程中能战胜自己学习上的弱点，成功攻克难关，是值得开心的事情。例如，在学习时顺利找到解题的方法、成功背诵 10 篇文言文、坚持完成每日打卡计划、单元测验或期末考试考取理想的成绩等，自己的每一次进步都值得认可。

需要特别提醒青少年的是，这里的"进步"更多的是青少年自我学习的纵向比较，而非与他人的横向比较。

奖励是手段，而非目的

⭐ 不要为了奖励而学习

青少年为自己取得的学习进步奖励自己是一件值得肯定的事，但千万不要陷入"为了奖励而学习"的误区。

青少年在获取自己学习奖励的过程中应充分认识到奖励是对自己进步的认可，是为了激励自己更积极地投入日后的学习当中。

请一定记住，青少年不是也不应该为了每次都能获得具体的奖励而学习，而应为了增广见闻、拓展视野、强化思维而学习，为了实现自己的理想而学习。

⭐ 合理把握奖励的形式与次数

青少年奖励自己的学习，应明确并规划好奖励的形式与次数。

学习奖励的形式可以是多种多样的，如下单购买一个梦寐以求的具体商品，或是获得一次玩电脑游戏的机会，或是去吃一份大餐作为奖励等。

奖励的次数不要太多，也不要太少，要把握一个合理的度。具体来说，如果学习奖励太频繁，会产生一种"我不需要刻苦学习，随便努力一下就能获得奖励"的错误认识，如此奖励就无法真正发挥对学习的激励作用。如果奖励次数太少，半年一次甚至更久，又会产生"学习奖励遥不可及、获得无望"的错误认识，这样不仅无法专注、持久地学习，还会影响学习的积极性和主动性。

⭐ 询问父母的建议

青少年的学习奖励往往需要父母的支持，而且父母作为成年人，他们对激励机制的认识更加深刻，遇事思虑更加周全，能为青少年提供指导。

因此，青少年为自己设定学习奖励时，有必要询问父母的建议，听一听他们的看法，并争取获得他们的认可与支持。

组成学习小组，在竞争中共同进步

小组合作式学习是一种非常有效的学习方法，在教学过程中也经常被教师采用。在自主学习中，青少年也可以采用这一方法，在与同伴的竞争与合作中共同进步。

相互竞争，相互督促

在小组学习期间，不同小组之间存在相互竞争的关系。

以小组为学习单位，不同的小组的综合水平自然有高有低，这就会促进不同小组的成员为了增加小组整体实力或为小组争得荣誉而努力学习，对组内成员有重要的激励作用。

互帮互助，共同进步

在学习小组内部，组员之间是互帮互助的关系。

当加入某一个小组学习时，作为组员的青少年会自然地产生归属感，这种归属感有助于小组成员之间的相互合作。具体表现在以下两个方面。

一方面，组员之间会产生自然的亲近感，进而愿意相互帮助。

另一方面，组员会无意识地将自己的小组与其他小组进行比较，这种比较会让组员之间相互拧成一股绳，促进共同进步，进而提高整个小组的实力。

如何组建、选择学习小组

⭐ 组建学习小组

《战国策》有云："物以类聚，人以群分。"青少年在组建学习小组时，应做到分组的同质化。换句话说，就是要重点关注哪些同学、朋友和自己具有相似或相同之处，这是组建学习小组的重要前提。

在同质化的基础上，青少年组建学习小组应遵循以下基本原则。

- 自愿原则。不要强迫他人加入自己的学习小组。
- 兴趣原则。组建自己感兴趣的小组。
- 民主原则。小组内的各项活动事宜，应大家共同讨论、决定。

● 组织有序。小组学习活动应有计划、有序开展，可以选出小组长，督促组员学习、讨论、实践。

● 团结协作。组员之间应团结协作，并充分考虑和处理好组员的共性或个性问题。

● 人数适宜。一般来说，小组人数应控制在 4 ～ 8 人。

⭐ 选择学习小组

青少年也可以选择加入已经组建好的比较成熟的学习小组，在选择学习小组时，可以考虑以下选择标准。

● 自愿加入自己感兴趣的小组，可以根据自己擅长的学习内容选择学习小组，也可以针对自己学习中存在的短板选择学习小组。

● 加入小组前，要询问清楚学习小组的活动时间、活动地点、活动组织形式、学习方法等，考虑自己是否适合加入。

● 选择加入的小组的整体学习水平和自己的学习水平可以有差距，但差距不宜过大。

● 在正式加入某学习小组前，可以询问小组成员的意见，是否允许自己作为临时组员加入，如果不合适可以选择退出小组。

● 一旦加入某学习小组，就不要轻易改变，要持之以恒。

看向自己心仪的优质明星偶像和
身边榜样，见贤思齐

偶像能充分发挥榜样作用，激励青少年奋进。

许多青少年都有自己的偶像，或一个或多个。偶像不分男女老少，他们来自不同领域，是各自领域的佼佼者。

在当前多元化的社会，人们对偶像的选择更加包容、开放，绝大多数青少年对偶像的选择都能得到父母、老师、同学的尊重。如科学家、军人、医生、老师、文体明星、班级里的学霸、校园优秀少先队员、父母等，都可以成为青少年的偶像。正能量成为越来越多的青少年选择偶像的标准。

青少年选择偶像、崇拜偶像，应做到见贤思齐，抵制劣迹偶像，以优质偶像为榜样来激励自我，从而成就更好的自己。

　　青少年在学习过程中，可以多参考自己仰慕的偶像身上的优点，将这种优点作为自己学习路上的灯塔，以偶像为榜样，以灯塔为指引，争取向偶像看齐，并将这种奋进的想法付诸实际行动，激发自己持续学习的动力。

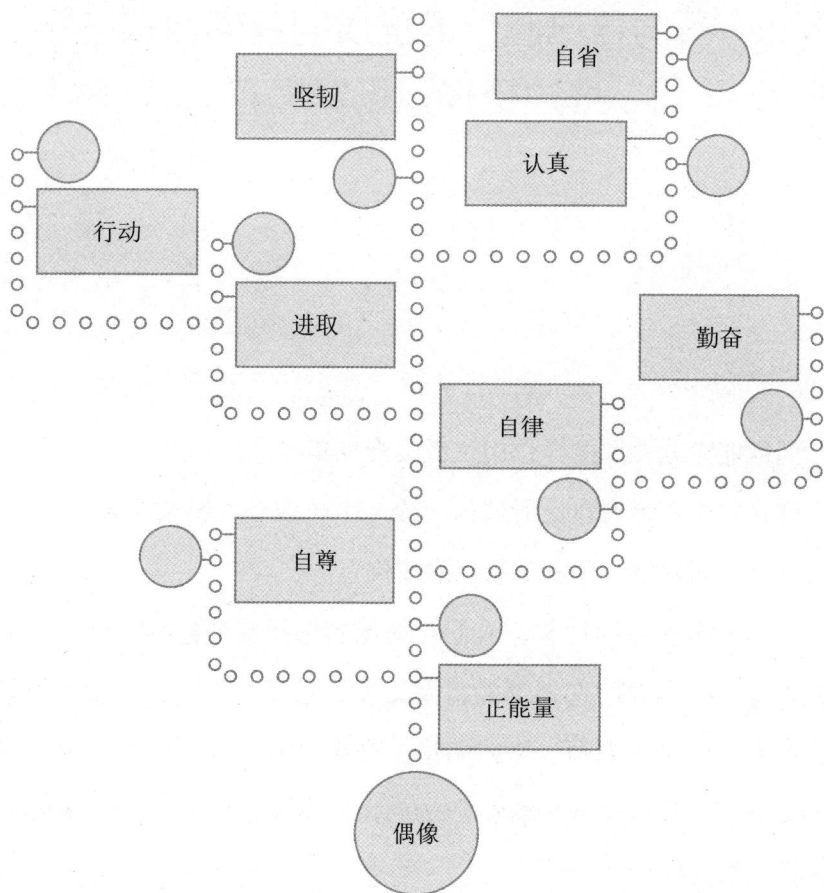

青少年的优质偶像应具备的良好学习品质和特点

延迟满足，不冲动、不放弃，磨炼学习毅力

在掌握了唤醒学习动力的方法后，青少年要善于让学习的动力始终保持在较高的水平，如此才能推动自己不断进步。

青少年学习动力的保持需要建立在对自我的高要求的基础上。具体来说，在学习过程中要做到以下两点。

第一，延迟学习上的满足感。适当的学习奖励是合理的，但青少年千万不要沉浸于取得当前学习成果的喜悦中而停止不前，不要满足于赢得"小奖励"而沾沾自喜，更不要将学习目标局限在获取眼前的蝇头小利上，而要通过当前获得的学习成就感激励自己再接再厉，勇敢迎接继续学习的更大挑战，不断攀登学习上的高峰，不断追求长远的"大奖励"。

第二，学习过程中不冲动、不放弃。青少年都曾切身体验过学习的艰辛，所以在面对学习困难时容易困惑，时常有想放弃的冲动，一冲动就容易得出错误结论并做出错误选择，如认为学习无用、拒绝完成作业、考试作弊，甚至辍学等，这显然是不可取的。虽然学习艰辛，但也才更能显出青少年坚持学习的可贵。

青少年应善于发现学习乐趣，敢于面对学习困难，坚定学习的决心和毅力。学习或许过程艰辛，但未来终将会为自己当前的努力和付出而心怀感恩，付出终会有所收获。

第四章

提高记忆力，让学习更轻松

拥有较强的记忆力，会让学习变得更为轻松。但在实际学习过程中，令一些青少年苦恼的是，他们认为自己的记忆力太差，不是背了前面忘了后面，就是记忆速度太慢，跟不上知识点更新的进度，这也导致个人学习成绩迟迟难以提高。

　　青少年应当明白的是，青春期正是学习的"黄金期"，此时的大脑也处于一个快速发育期，只要了解并掌握正确的记忆方法，勤加锻炼，完全可以有效提升自身的记忆能力，学习也会因此越来越轻松。

若要记得，先要理解

青少年在学习时，往往会遇到这样一些问题：对于一个个知识点，虽然花了很大的力气去记忆，可是翻来覆去也总是记不住、记不牢；或者一些知识点明明当时记住了，然而没过多久就忘得一干二净了。这其实是因为青少年的记忆方法不正确，在没有全面吃透知识点的情况下去机械记忆，所以很难牢固地记住，或者当时记下了，这段记忆信息也会很快从大脑中丢失。

学习记忆：切忌死记硬背、囫囵吞枣

记忆，对于学习有着重要的意义。学习上遇到的知识点，只有记下来并被大脑长久储存，在充分的"消化吸收"后，才会成为学习新知识的扎实基础，在考试测验的时候才能回想起来并准确使用。如果记不住、记不牢，缺乏完整的知识体系，学习上的各个环节也就很难有效连接，在考试测验的时候无法快速而准确地回想或再认，最终导致学习成绩上不去。

在学习的过程中，一些青少年也意识到了记忆对提升学习成绩的重要性，面对需要背诵的文章公式，他们的做法是拼尽全力，"强行"让自己全部记诵下来。死记硬背也好，囫囵吞枣也罢，总之不求甚解，先一一装进大脑里面再说。

问题是，这样记忆，是不是真正"记得"了呢？有没有显著的实际效果呢？答案不言而喻，当然是否定的。很多时候，这些知识点在当时确实是记住了，不过也就三两天的工夫，再让他们复述背诵，这时的大脑却又成了一片空白。即使是记住了，但若让他们讲述对知识点的理解与认知，也常常是一知半解，说不出个所以然来。

心理学家根据对识记内容本身的含义是否理解，一般将记忆分为机械记忆和理解记忆。死记硬背的机械记忆的学习效果较差，在平日的学习中，这也得到了充分的佐证。一些同学背起课文和定律时，看似一副滚瓜烂熟的样子，一到实际运用，却频频出错。其中的原因就在于他们没能较好地认识到意义识记和理解记忆的重要性，只会死记硬背地进行机械记忆，做不到融会贯通、活学活用，所以他们的"记得"只是持续时间短暂的肤浅记忆，并没有真正将知识点深度掌握并记在心底。

"若要记得，先要理解。"这句话是对记忆和理解两者之间辩证关系的最好注解。简单来说，识记了的知识点，并不代表全部理解了，而已经全面理解了的知识点记忆起来会更容易，并且不易遗忘。

作一个形象的比喻，缺乏理解的记忆，就像是一架负重的马车一样，貌似满载而归，谁知一路走，货物一路丢失，最终到达目的地时，发现车上竟然空空如也，一无所获。

由此可见，对于记忆而言，理解是非常重要的。换言之，理解是识记的关键一步。只要能够做到对知识点的全面理解，就能记得又快又准，而且在相当长的一段时间内，都不会轻易忘记。在理解的基础上，接下来对知识点进行回想与再认，甚至深度学习就会轻松容易很多。

如何有效做到理解记忆呢

青少年在日常学习中，对很多课文或各类知识点一直记不住、记不准，原因就在于对知识点不能很好地理解。说到理解记忆，有哪些小技巧可供青少年学习借鉴呢？

⭐ 对需要掌握的新知识、新内容进行归纳总结

知识点的记忆，实际上是大脑对知识点自身蕴含信息的一次提炼和总结，在深层次地分析归纳后，从中找出容易被理解、被掌握的地方。这样理解得越深，记忆就越容易、越牢靠。

例如，学习唐诗宋词时，可用关键词去归纳总结诗人或词人的有关信息，如生活时代、称号、创作风格等，以加强记忆。比如，李白—唐—诗仙—浪漫飘逸；杜甫—唐—诗圣—沉郁顿挫；李清照—宋—易安居士—细腻婉约；苏轼—宋—东坡居士—洒脱豪迈。运用这样归纳总结的方法去梳理信息，能帮助加深理解。

另外，青少年在背诵一些词语、句子时，可将新的知识点和大脑里面已有的旧知识储备相联系，在融会贯通的基础上，做到全面深入的理解，有时无须刻意记忆就能牢记于心。

⭐ 不要逐字逐句背诵，从了解大意入手

需要背诵较长的课文时，一些青少年常犯的错误，就是拿起课本一段一段地逐字逐句背诵。这种记忆方式费心劳神不说，还会因为缺乏对文章大意的理解，导致记忆效果不佳。

正确的记忆方法是，先从宏观上弄清楚文章的大致内容。比如面对一篇文章，青少年先别急着去背诵，应当先去浏览或通读一遍，初步了解文章所要表达的含义和中心思想是什么。在这个基础上，再进一步找出文章的要点和难点，读懂吃透，做到了然于心，这时再去背诵记忆，就会显得轻松很多。

⭐ 将学到的知识运用到实际中，反复强化记忆

各类知识内容记住不忘，是不是就算真正理解了呢？当然不是，还要经过实践验证这一道关口。比如一些公式定律，在解题过程中如果能够驾轻就熟、运用自如，这就说明青少年真正记住并理解了这些公式定律。

进一步讲，实际运用其实也是对知识点的一个再认识、再理解的过程，有助于青少年深化对知识点的理解。在反复强化后，记忆的效能就会得到大幅度的提升。

懂得取舍，学习必要的关键信息

面对同样的学习内容，有着同样的学习进度，为什么有些青少年的学习效率显得更高一些呢？除了勤奋之外，在学习中懂得取舍，能够抓住重要知识点的关键信息，也是提升学习效率的重要因素之一。

学会重点记忆，面面俱到要不得

生活中，常会听到一些青少年抱怨说："课本上的知识点，我觉得自己都差不多记到大脑里了，为什么学习效果还是不好呢？"

青少年出现这样的疑惑，其原因就在于学习和记忆的方法出现了问题。在一些青少年看来，学习就是要将所有学过的内容和知识点都背诵和记忆下来，唯有如此，才能保证有好的学习效果。然而，事实上这样做的效果会比较一般，甚至往往适得其反。想要将全部的知识都要塞进大脑里，结果只能是让大脑"乱成一团"，所有的知识内容都杂糅在一起，没有主次、没有重点，逐渐就变成了人们口中"读死书，死读书"的反面典型。

知识的学习和汲取，千万不能犯"面面俱到"的错误，这样做只能导致学习效率的降低。正确的知识汲取方式，是在学习的过程中，懂得取舍。也就是抓住学习上的重点和难点，从关键和必要的信息入手，这才是学有所获、学有所成的好方法。

寓言故事《猴子下山》就很好地说明了懂得取舍的道理。猴子下山后，看到鲜嫩的玉米，赶忙掰了下来；走了没多远，又看到树上结的大桃子，就丢下玉米摘下桃子；没多久，它又被又圆又大的西瓜给吸引住了，于是又扔掉桃子，抱了一个大西瓜。后来，它看到一只蹦蹦跳跳的小野兔很可爱，就又扔下西瓜去追兔子。不懂得取舍、什么都想得到的它，结果是兔子没追到，天也黑了，忙了一天的小猴子，最后只得懊恼地两手空空地回去了。

具体到学习上也是如此，懂得取舍是一种智慧。在知识点的获取掌握上，学会有选择性地进行重点记忆才是科学的记忆策略。如果不分重点和主次，试图将所有的知识都汲取到大脑里，负重前行，其结果就是，浪费了大量的时间和精力不说，学习效率也会因此不升反降。

学习时，如何做到合理取舍呢

观察周围的同学便会发现，有些青少年在学习上显得很轻松，拥有超高的学习效率；而也有一些青少年，费尽了心力，结果却不尽如人意，学习成绩一直徘徊不前。两者之间学习效率上的差异，正在于对知识的汲取上是否懂得并做到有所取舍。因此，对于青少年而言，必须明白在学习上如何去合理取舍。

⭐ 明白取什么，舍什么

学习上不懂取舍，是许多青少年常犯的错误。在他们的大脑里面，一是没有"取舍"的意识，二是缺乏对"取舍"的正确认知。

青少年需要区分所学的知识体系中的重点和主次。取，就是要抓住知识体系中的重点部分，好好学，认真学，做到熟练掌握；舍，就是将一些无关紧要的部分放在后边，做到一般了解即可。

取：抓住重点部分，认真学，熟练掌握

舍：放过无关紧要的部分，了解即可

明白取什么，舍什么

比如在课堂上，老师对知识难点和重点的讲解，才是其中关键的地方。那些真正会学习的青少年，往往能够正确地做到"取和舍"，巧妙地抓住老师讲解的重点进行吸收汲取，而不是将课堂上所有的东西都往脑子里装。

"取和舍"的过程，其实也是大脑对知识信息的一次思考、判断和归纳的活动，能逐步培养青少年快速全面地获取有效信息和知识的能力。

⭐ 学习必要的信息，对重点内容深度吃透

学习要讲究正确的方式和方法，一味"填鸭式"地无差别吸收，或者是"照本宣科"式地苦读死学，毫无疑问，都是在做无用功。

学习效率提升的秘诀之一，就是在懂得取舍的基础上，抓住知识体系中的重点和难点部分，反复温习领悟，做到深度吃透。

比如在学习过程中，青少年要将一些重要的知识点，或者是自己经常错的知识点记下来，然后将那些仅仅需要一般了解的部分放到一边，做到轻装上阵，重点突击，难点突破，直击核心知识点。学习上主与次的目标清晰了，在提升记忆效果和学习效率的同时，也将让自己变得更优秀。

排除干扰，集中注意力，做到专心致志

在知识的学习上，集中注意力、专心致志也是非常重要的认知能力之一。只有保持长时间的精力集中，排除外部和内心的各种干扰因素，才能够过滤无用信息，将所学到的有用知识转化为长期记忆，从而取得良好的学习效果。

青少年经常分心的原因是什么

学习，需要集中精力、一心一意，这样才能对有用的知识信息进行足够的注意加工，从而将其真正地储存在大脑里面，达到学有所获的目的。反过来，在学习的过程中三心二意、经常被各种内外因素干扰、做不到专心致志，就难以有好的注意力和记忆效果。这道理是每个青少年都明白的，但在现实生活中，一些青少年在学习的时候，却

常会分心，原因是什么呢？

其一是外部环境的影响。外部环境的影响因素有很多种，如噪声、刺眼的光线、新奇的事物、刺激的网络游戏与"爽文"小说等，都会让处于青春期的青少年注意力分散，他们看似坐在课堂上听讲，实际上早已心不在焉了。

其实古人早就意识到集中注意力对学习的重要性了。春秋时期，鲁国有一位善于下棋的高手，他的名字叫弈秋。弈秋棋艺高超，于是就有两个人拜在弈秋的门下，跟随他一起学习棋艺。其中一个人，在弈秋讲课的时候，总是一副心不在焉的样子。他很难做到注意力集中，天上有鸟叫的声音，他就想着如何用弓箭将它射下来，这样的学习态度，自然很难让自己的棋艺得到提升。

后来弈秋在点评两人的学习效果时说，实际上两个人的智力相差无几，但是一个进步神速，另一个止步不前，其中的原因，就在于能否集中精力。

学习中，一些青少年也是如此。课堂上的他们，不是嫌弃椅子不稳当，就是抱怨桌子太高或太低，或者是盼望着早点下课，痛痛快快玩一场游戏，始终难以做到专心致志。

其二是内在的原因。除了外部环境因素的影响，青少年做不到注意力集中，内在的身体原因也有一定的影响。比如身体不舒服，精神压力大，睡眠不足等，这些心理或生理的原因，都会导致青少年注意力分散，脑海中各种杂念纷呈，进而影响他们专注地投入学习，记忆和学习效果自然也不会很好。

进行提升注意力的训练

精力不集中，即使拥有聪明的大脑，也会因为注意力分散，不能将学习到的有用知识点有选择性地理解记忆下来，长此以往，学习效果不好也就不足为奇了。那么，在实际的学习中，青少年如何能够做到排除干扰、集中精力专心致志地投入学习，进而提升注意力和取得记忆效果呢？

⭐ 学习前做好计划安排

学习计划的制订，是为了让学习目标更为清晰明确，从而将有限的注意力集中到明确的若干目标上。因此，在投入学习之前，青少年就应明确今天的学习任务，即要达到一个怎样的学习目标，并为自己规定任务的完成时间，从目标规划的高度，自上而下地督促自我更加高效地投入学习之中。

⭐ 注意环境的选择

除了自上而下的目标规划，还要排除自下而上的分心干扰。在课堂上学习时，外部环境的干扰因素相对较少，只要做到认真听老师讲课就行了。如果自己独自学习，就要注重学习环境的选择。如选择一个相对安静的环境，或者是选择注意力不容易被他人干扰的时间段来进行学习。在这方面，安安静静的清晨就是一个不错的时间点，不会轻易被人干扰，注意力就更容易高度集中。

⭐ 远离影响注意力集中的网络媒介

现代社会，随着手机、电脑的普及，一些青少年容易沉迷手机、电脑里的游戏、娱乐节目等。因此，想要让自己集中精力，就要在学习时主动远离手机、电脑这些网络媒介，全身心地投入学习中去。

⭐ 切换学习任务，让大脑张弛有度

有时候一个科目学习累了，精神疲倦，会让人分心。巧妙的应对方法就是适当地切换学习任务，如做一个小时的数学题，不妨再读一读历史、地理等其他科目。这些科目相对轻松一些，能够让大脑在一张一弛的节奏中得到一定的休息，也有助于青少年持续地集中精力去学习。

读书学习，唯有全身心地投入，才会有高效率的学习效果。当自我能够进入"物我两忘"的注意力高度集中状态时，就会体验到一种难以名状的沉浸感和愉悦感，这就是著名积极心理学家西卡森特米哈伊口中所谓的"福流"（flow）状态。在这种状态下，青少年完全沉浸在学习的快感中，兴奋、愉快、充实，完全意识不到时间的流逝和周围环境的变化，甚至废寝忘食，此时理解和记忆知识点的效果成倍提升，也因此能够从中获取学习的快乐。

遵从遗忘规律，及时温习巩固

青少年在学习过程中存在的一大苦恼，就是经常会出现遗忘知识点的情况。前面学，后面忘，最后感觉大脑空空如也。是因为青少年记忆力较差吗？当然不是。深入了解遗忘规律，在查漏补缺的基础上，及时地、经常性地对学习过的内容进行强化巩固，脑海中关于知识点的记忆将会历久弥新。

了解记忆以及遗忘的规律

人类的大脑，是一个记忆的宝库。我们所学过的各类知识，所经历的人和事，经过大脑加工处理后，都会被深深存储起来。当需要时，这些深藏在脑海深处的信息，也会重新一一在大脑中被激活再现。

所以，仔细分析"记忆"这一词语不难发现，"记"和"忆"是两个前后相连的阶段。只有先记下来，才能够有回忆的再现。换言之，需要记忆的事物，要经过一个识记、保持、再认和回忆的过程，这样一个完整的"记忆"才能够得以形成。

但问题是，有时一个知识点明明被记了下来，为什么用不了多长时间，我们又几乎会全部遗忘了呢？这就需要青少年去深入了解遗忘的规律。

德国心理学家艾宾浩斯通过对人类记忆特点的研究发现，遗忘是在学习之后立即开始的，也就是说，当人们学习了相关的内容后，也就是一转眼的工夫，遗忘，这一记忆的"对立面"，就已经悄然发挥作用了。

而且有趣的是，遗忘的过程并非始终保持一个均衡的速度。在学习完知识的最初阶段，遗忘的速度较快；然而过了一段时间后，遗忘的速度会相对减慢很多。遗忘的规律，从总体上看，也就是遵循着一个"先快后慢"的规律。

对此，艾宾浩斯还绘制了相应的坐标轴，以此来更为形象直观地展现遗忘的规律特征，这一坐标轴图像，就是著名的"艾宾浩斯遗忘曲线"。通过观察曲线可知，人们在记忆一定的知识点时，如果不抓紧进行巩固复习，仅仅一天之后，能够记下来的内容，就只剩下原来的四分之一左右。

記
憶
程
度

100%

80%

60%

40%

20%

3小时 6小时 一天

遗忘速度

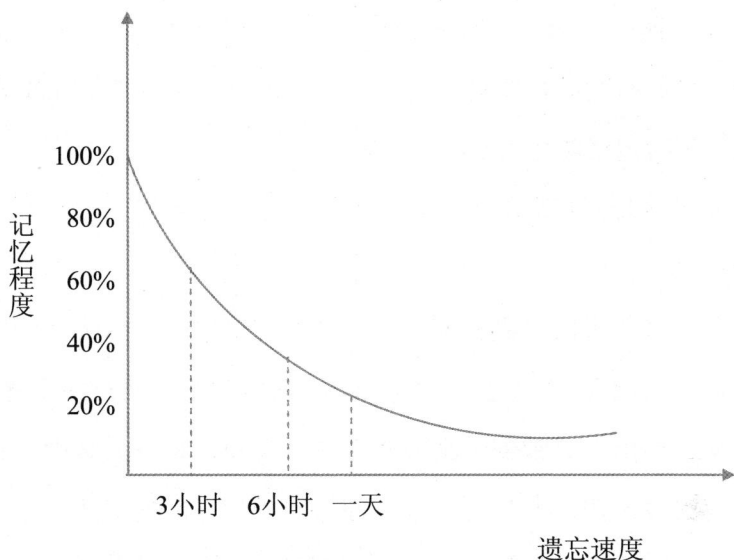

艾宾浩斯遗忘曲线

掌握方法，将短时记忆转化为长时记忆

艾宾浩斯的遗忘规律研究告诉我们，在学习内容的记忆上，分为短时记忆和长时记忆两种。短时记忆，是指在学习后立刻可以记忆下来，不过因为"遗忘规律"的因素，很难维持长久；想要真正地将所学到的东西彻底掌握，化为己用，只有让短时记忆升华为长时记忆才能产生最佳的效果。

但如何能够让知识点的记忆长久保持呢？在这方面，及时强化复习是一个非常有效的办法。比如青少年在学习了一些新单词之后，虽然五分钟就可以背诵下来，但这只是短时记忆的体现；一个小时后要及时强化一遍，一天后再温习记忆，三天后继续巩固这一记忆效果。这样经过一段时间的强化复习过程，这些单词将彻底被大脑深深记住，也就是由短时记忆转化为长时记忆了。

明白了遗忘规律后，在具体操作上，青少年可以从这样几个方面入手强化。

一是做好当天的自我检测。在当天学完新知识之后大约两至三个小时左右，及时复习一遍。如果白天比较忙，那么就在晚上睡觉前，静下心来，抽出十分钟到半个小时左右的时间，将一天之中学到的知识点再简单过一遍，尤其是重难点部分，要让自己能够清清楚楚地默诵一遍。这样做就是实现记忆的及时强化过程。

二是周测和月测。和日测一样，每到星期天，就应将一星期内学习到的各种知识信息全部复习一遍。条件允许的话，也可以在练习本上用笔写出来，这样更能起到强化的作用。同理，月测也是如此，过程和方式同日测与周测类似，只不过测验间隔拉长了。

三是全书测。一个学期结束后，对整本书中的知识点进行成系统和成单元的复习。相信经过日测、周测、全书测之后，青少年的长时记忆就能得到巩固，好的学习效果就水到渠成了。

做好当天的自我检测

做好周测和月测

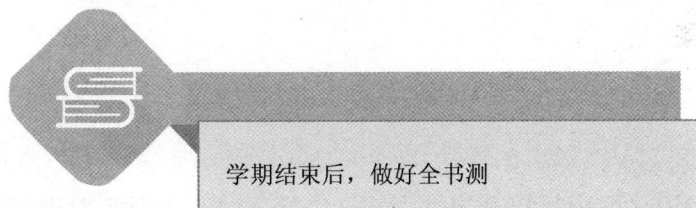

学期结束后，做好全书测

及时强化复习，将短时记忆变成长时记忆

通过比较，加深记忆

比较记忆，也是提升记忆力的一个好方法。面对需要识记的内容，青少年可以将一些相同或相似的知识点，通过比较的方式联系到一起，在归纳总结对比的基础上加深印象。而通过将各个知识点相互对比并串联起来，记忆会更加深刻。

比较，是人们认识客观世界的重要手段

记忆，是青少年学习过程中的一项基本功。但面对大量的知识点，很多青少年们往往觉得无从下手，暗暗责怪自己的记忆力不够好，由此对背诵记忆活动心生惧意。实际上，如果青少年能够掌握、运用好比较记忆法，学习就会变得轻松许多。

什么是比较记忆法呢？对于这一名词，或许一些青少年会觉得有些陌生。其实在日常生活中，我们都会有意或无意地对事物进行比较，并在比较中对外界事物加深印象。

比如我们在小时候识别小鸡和小鸭。对于孩子而言，小鸡和小鸭非常相似，都有着毛茸茸的外形，有时羽毛颜色也非常相像，黄澄澄的极为可爱，那么如何才能将两者准确区分呢？

这时就要用到比较的方法了。仔细观察就可以发现，小鸡的嘴巴尖尖的，小鸭的嘴巴扁扁的，这是两者第一个不同的地方。再者，小鸡的爪子细长锋利，中间分开；而小鸭的爪子宽大，中间由蹼连接。这样一比较，既能找出它们的相同之处，也能发现各自不同的鲜明特征，是不是就比较容易识别了呢？

由此可见，有比较，才有鉴别。比较是我们认识外部客观世界的重要手段。通过比较，可以帮助我们发现不同事物内在的区别和联系，进一步了解到各自鲜明的个性特征，这就非常有助于我们深化认识、理解和记忆了。

同样，在学习记忆的过程中，也需要运用比较的方法。通过比较记忆法，可以让青少年更为全面地深入了解所要识记的知识内容，找出各个知识点之间的相同点和不同点之后，记忆就会更加准确深刻。

此外，在比较的过程中，分析、归纳、总结等一系列活动，也是对知识内容的再认识、再理解，会让青少年的记忆更为具体、立体，从而取得最佳的记忆效果。

四种比较记忆法，你都掌握了吗

比较记忆法，是一个非常好的学习方式，能极大提升青少年的学习效率。具体来说，在实际运用中，比较记忆法又可分为对照比较法、顺序比较法、类似比较法、横向比较法四种。

⭐ 对照比较法

俗语常说："不见高山，不知平地。"事物各自的鲜明特点，是在对照比较中发现的。青少年在学习过程中，通过对照比较，区分知识点之间的异同，就可以达到准确记忆的目的。

比如在语文课上的成语学习中，"前赴后继""前仆后继"两个词语很容易使人混淆。通过意思对照比较不难发现，"前赴后继"指的是后面的人跟着前面的人，形容的是奋勇向前、连续不断；"前仆后继"指的是前面的倒下了，后面的紧跟上去，形容的是斗争的英勇壮烈。通过意思比较，就能发现词语各自的特点，也就容易记忆了。

⭐ 顺序比较法

顺序比较法，指的是将新知识和旧知识放在一起，按照时间线索进行纵向比较的记忆方法。在新旧知识的比较过程中，青少年可以从中找到它们之间的区别与联系，从而使学到的两个知识点得到更充分的吸收巩固。

比如历史学习上，公元前221年和公元221年，是时间上的先后顺序，中间差了一个"前"字。但公元前221年，秦始皇统一六国，开创了大一统的秦帝国，而公元221年，刘备称帝，建立蜀汉政权。通过这样的时间顺序比较，知识点就不容易混淆，记忆就不会模糊不清了。

⭐ 类似比较法

有一些知识点，看起来非常相似，不去仔细比较的话，很难准确记忆。

比如汉字中的赢、羸、嬴三个字，是不是极其相似，不易准确记忆呢？如果进一步仔细观察比较不难发现，不同之处在于三字下部结构中的"贝""女""羊"上面。

古代贝代表钱币，和输赢联系在一起；女和母系传承有关联，代表一种姓氏；既然身体羸弱，那就用"羊"肉去补一补。这样比较对比，是不是会让记忆清晰很多了呢？

⭐ 横向比较法

横向比较法，指的是将性质概念类似、原因结果相近的知识点放在一起，通过对比分析的方式加深记忆效果。

比如在学习俄国十月革命的知识点时，不妨和德国的十一月革命的知识点进行横向比较记忆，比较其中原因和结果的异同。这样横向对比联系，会让理解学习和记忆轻松很多。

　　这四种比较记忆法，不论是哪一种记忆方法，遵循的都是"同中求异"和"异中求同"两大原则。也就是在知识点类似的地方找出不同之处，让记忆更准确；在知识点不同的地方找出共同的地方，通过串联的方式，让记忆变得更形象、更清晰。

将要记忆的东西变为一幅图

高超的记忆力，有两大基石是必要的支撑：一个是广泛的联想，另一个是丰富的想象。只有将这两者紧密结合，才能让记忆力得到快速的提升。所以，将需要记忆下来的东西，通过一定的联想和想象，化作一幅幅立体生动的图画，这种图像记忆效果会更为持久牢固。

为什么图像记忆具有较高的效率呢

面对众多的知识点，青少年是否有这样的一个困惑：一组组抽象的数字、一个个枯燥的单词、一首首古诗词，在学习过程中，想要将这些知识一一记忆背诵下来，无疑要花费很大的精力。

那么，有没有好的解决办法呢？当然有了，这就是图像记忆法。

心理学实验研究表明，相比文字记忆，图像辅助记忆效果更好，而且图像生成的时间越长，越容易被记住。因此，如果将文字信息转化为立体的图像信息，并且图像转化和生成的时间足够长（本课题中实验为40秒），那么记忆的效果将会得到明显改善。

以曹操的《观沧海》为例。"东临碣石，以观沧海。水何澹澹，山岛竦峙。树木丛生，百草丰茂。秋风萧瑟，洪波涌起……"在背诵这首诗时，脑海中不妨展开丰富的想象，想象出曹操站在岩石上观山望海时的所见、所闻、所感。当这一段文字描写转化成"波涛汹涌"的生动图像时，记忆效率比死记硬背文字时有显著的提升。一边想象，一边复述，就是图像记忆法的高效之处。

如何巧妙运用图像记忆法

图像记忆法，简单来说，就是将所需要记忆的内容，在大脑中化作一幅幅直观可见的图片，再以图片来"刺激"大脑，最终达到快速高效记忆的目的。

比如，当青少年在背诵关于陈胜、吴广起义的文章时，可以在大脑中想象出这样一幅图像：大雨倾盆而下，陈胜、吴广面对数百前去守卫边关的平民，愤怒地说着"王侯将相，宁有种乎"等话语。很快，一场动摇秦帝国统治的农民大起义就这样爆发了。

地理知识点的记忆也可以采用图像记忆法。比如背诵中国的铁路线，青少年在大脑中，一定要有这样的一个图像：中国铁路线有五纵三横，从南向北，由东到西，纵横分布在中国广袤的国土上。借助这一立体的图像引导，再去具体背诵"五纵三横"的铁路线名称时，就会感到轻松容易很多了。

当然，不只是古诗词、历史、地理等知识内容的记忆，数学、物理、化学等科目的公式、定理以及元素符号等，都可以调动大脑丰富的想象力，化成一幅幅图像来提升记忆效率。

想要巧妙地运用图像记忆法，需要一定的实践锻炼，掌握其中的诀窍。首先就是进行图像转化，即在记忆知识点时，青少年可以将所看到的文字信息全部转化为具体形象的图像，以起到增强记忆效果的良好作用。

其次是保证图像转化的时间足够长，并适当融入个人的情感。融入个人的情感，是为了让脑海中转化的图像更带有个人情绪感受的特征。就像我们上面说到的记忆曹操的《观沧海》时，将自我放在曹操站立的位置上，去想象、去感受、去领悟诗人当时的心境。这样结合脑海中的图像，就会让情绪记忆和图像记忆更加深刻了。

将要记忆的信息编成一个小故事

生动有趣的故事，总是能深深吸引住人，而且越是有趣的故事，就越容易被人记住。因此，将需要记忆的信息，编成一个个情节丰富的小故事，也是一种不错的记忆技巧。

遇到枯燥的知识点怎么办

记忆，是一件费时费脑的事情，遇到大量需要记忆的内容，青少年产生畏难心理也实属正常。尤其对一些较为枯燥的知识点的背诵记忆，更是令人头疼万分。

学习上，当遇到一些单调枯燥的知识点需要记在脑中时，青少年又该如何应对呢？

显然，死记硬背是最为笨拙的记忆方式，因为这种方式下的记忆是机械记忆，没理解，导致记不准、记不牢、忘得快。这时，巧妙地运用情景故事记忆法，便是一种有着显著效果的记忆技巧。

情景故事记忆法的核心点，就在"情景故事"四个字上面。生活中，人们都喜爱听故事，特别是那些生动且充满趣味的故事，令人印象深刻，也会因此留下难忘的回忆。这些故事情节往往带有强烈的情绪色彩，容易深深地存储在记忆深处。

情景故事记忆法正是由此出发，将青少年学习过程中遇到的一些枯燥的材料、信息、知识点等，用组织一个场景故事的方式，将它们一一串联起来，让枯燥的知识点变得有趣、有意义、有情绪，从而达到巩固记忆的目的。

比如中国古代的四大发明——造纸术、印刷术、火药和指南针，这四个知识点相互之间的关联性不强，看着简单，但有些青少年背着背着就混淆了，还会无端地将里面的一种发明给随意替代了。比如，经常发生的情况是，容易把鞭炮和火药弄混淆了，也容易错把司南当成指南针。那么，如何才能让青少年避免这一问题呢？这时就可以用到情景故事记忆法了。

我们可以创设这样的一个故事情节：印刷厂造出了一批纸，妈妈买来一些，让我在上面练习画指南针和火药。指南针好画一些，火药怎么画才更形象呢？

通过这一故事场景，印刷术、造纸术、火药、指南针这古代四大发明的元素就都蕴含其中了。这样一来，青少年就可以达到巩固记忆的良好效果了。

运用情景故事记忆法，需要注意哪些事项呢

尽管情景故事记忆法对提升青少年记忆效率有显著作用，但在日常实际运用过程中，还有以下一些原则和要求，青少年一定要懂。

⭐ **在故事的基础上突出趣味性，做到生动有趣**

本身我们运用情景故事记忆法，就是为了牢牢记住那些枯燥的知识信息，如果故事不生动，记忆效果自然会大打折扣。所以，仅仅是一个简单的故事还不够，要让故事充满无穷的趣味才行。

比如青少年在记忆鲁迅先生的一些著名短篇小说，像《呐喊》《孔乙己》《阿Q正传》《故乡》《药》《狂人日记》《社戏》《祝福》这些，这时该如何编造一个有趣的故事呢？

思索一下，不妨编造这样一个故事：狂人病了，孔乙己大声呐喊着，让阿Q回故乡买药。病好后，大家一起去看社戏，给观众送上了满满的祝福。

在这个故事里，狂人、孔乙己、阿Q以及故乡和社戏，都通过给狂人看病串联了起来。尤其呐喊着的孔乙己，人物形象立体生动，充满了趣味性，这就能让记忆更深刻了。

⭐ **尽量做到简洁明了、场景突出**

通过故事可以提升记忆效率，但如果故事里面出现了太多和需要记忆的知识点无关的信息，不仅会增加记忆负担，还会让知识点混淆

错乱。因此，在故事的构想上，应做到故事情节简洁明了，故事内容的场景突出，这样才有助于加深记忆。

比如，需要将"鲁迅、周敦颐、毛笔、窗外、文章"这几个没有内在关联信息的词语快速记忆下来，我们又该如何编出一个简洁的故事情节呢？

可以这样构思完成：一间宁静的书屋里，鲁迅一边望向窗外，一边背诵着古人周敦颐的文章《爱莲说》，随后用毛笔默写文章。

故事中，场景是一间书屋，其他需要记忆的信息也都出现在了短短的故事情节中，简洁清晰，不会出现记忆混淆的情况。

以上讲述的情景故事记忆法，仅仅是举了几个例子加以说明。在实际学习中，青少年可以调动大脑，举一反三，多多练习，就可以熟能生巧了。

尝试总结规律和模式，进行深度加工和深度学习

凡事都有规律可言，学习亦是如此。所以，青少年与其死记硬背，不妨尝试寻找所学知识内部的一些规律和模式，这样不仅记得快，还能记得深。与此同时，总结规律和模式，还能使青少年发现知识内部的关系，能够进行深度加工和深度学习。

那么，青少年在学习的过程中，面对需要记住的繁杂的知识点，如何去提炼规律、总结模式呢？

第一，准备好纸笔，对所要记忆的知识点进行梳理，能用数据展示的都转化为数据，如果无法用数据展示的，也要按照一定的逻辑去分出"一、二、三"点，标上序号并用概括性的词语、短句进行描述，尽量让思路清晰起来。

第二，根据整理好的数据和文本信息，去绘制一张简易的思维导图。绘制完毕后，再以这张思维导图为指导，继续梳理所要记住的知识点，在梳理的过程中不断加深对这些知识点的理解，一边找出知识点间更多的关联，一边对思维导图进行修正和补充，使其变得越来越丰富、准确。对思维导图进行修正分析后，接着再对其中所标注的关键信息进行深入的了解、深度加工和学习。在这一过程中，如果有必要的话，也可以多花费些时间和精力去查阅、研究课外资料，加深对所需要记忆的知识点的理解和认识。

当然，青少年在具体实践的过程中，也可以运用其他方式去帮助总结规律和模式，比如对比法、联想法等。

但无论采用哪种方式，最后要根据总结出来的规律与模式去付出努力记忆这些知识点，同时及时回顾、反复练习，以加深记忆。

及时提取，让效果加倍

仅仅是将学习过的知识内容背下来还远远不够，在过了一段时间之后，还能从大脑里面将相关的信息完整地提取出来，这才是拥有良好记忆力的体现。进行提取练习，是对知识点再温习、再巩固的一个循环记忆过程，会成倍提升记忆效果。

为何之前记住了之后又想不起来

英国著名哲学家培根说："一切知识的获得是记忆，记忆是一切智力活动的基础。"事实也正是如此。学习中，想要取得好的学习效果，离不开记忆力的积极参与。缺乏记忆力参与的学习，效果就会大打折扣。

但令一些青少年困惑的是，学习过的知识，当时明明认认真真背诵记忆了，然而过了一段时间后，需要用到时，无论如何绞尽脑汁，却回忆不起来了。难道是真的忘记了吗？

实际上，我们刻意背诵记忆下来的很多知识信息，并没有被大脑"忘记"，依然储存在大脑深处。那么，为什么又不能有效提取呢？

想要回答这个问题，需要我们先去深入认识记忆的本质。按照认知心理学中的信息加工理论，记忆其实是外界信息的输入、储存和输出的一个完整过程，其中包括编码（识记）、存储（保持）和提取（回想或再认）三个阶段。

进一步理解，这里面的"输出"概念，对应着知识点的回想提取。提取失败，也就同样意味着信息的输出不成功。虽然我们记下了许许多多的知识信息，也通过大脑额叶、海马体、杏仁核等信息储存区域保留在了脑海里，但最后却提取失败，问题就在于较长时间"无人问津"，这些被记下来的知识信息逐渐变成了模糊的"痕迹"，从而造成了提取的困难。

明白了记忆的本质，也就明白了知识点及时提取的重要性。练习提取，是非常积极的回想和再认活动，能够让我们的记忆更为持久地保持。

提取训练并不难，几个技巧要牢记

记忆的关键，就在于是否做到了及时的提取。举一个例子，在书房里某个角落放置了一件物品，如果长时间不管不问，就会慢慢被遗忘。经常性地取用，自然就不会忘记。所以，在知识遗忘之前开展提取训练，是巩固记忆、提升学习效率的好方法。

在具体提取训练方式上，针对青少年学习的情况，有这样几个技巧。

⭐ 对着目录，复述里面的内容

当一个学期结束后，青少年不妨拿出课本，翻开目录页，然后对照目录，试着回忆学过的内容，包括每一章、每一节，一一尝试着是否能够将其中的重点、难点完整地复述出来。

当然，在复述时，难免会遇到想不起来的内容。没有关系，可以翻到对应的章节页码对照回忆，然后重新开始，直到所有的章节都能复述完整为止。

这种记忆提取训练，对提升青少年各科学习的整体框架感有着显著的效果。当对整本课本的内容都了然于胸时，又何愁不能取得优异的学习效果呢？

⭐ 做好知识卡片，随时开展提取训练

学习中，有些知识点较为凌乱一些，这时不妨将各个知识点做成小卡片，有时间就随手抽取几张卡片，然后试着复述里面的知识信息。

能完整复述，就将这张卡片放过；不能完整复述，留下来继续温习巩固。随时随地自测自查，会让记忆牢固持久。

⭐ 展开联想，把相似的知识点联系起来

在背诵一个知识点时，可以将相关的一系列知识点都提取出来温习记忆。比如我们在背诵陶渊明描写菊花的诗句时，想一想还有哪些著名的歌咏菊花的诗词。通过这种关联提取，自然能让学习效率得到较快的提升。

第五章

与时间做朋友，不辜负每一寸光阴

"一寸光阴一寸金，寸金难买寸光阴。"时间是这个世界上最为宝贵的事物之一。纵观古今中外，凡是能够做出伟大成就的人士，都是无比珍惜时光的睿智之人。他们拿出"不舍昼夜"的学习拼搏劲头，忘我地在知识的海洋中汲取成长的营养，最终学有所成。

　　青少年时期，是人一生中最为美好的一个发展阶段。青少年就犹如早上八九点钟的太阳，充满了蓬勃的朝气和充沛的精力。因此，能否抓住无比珍贵的青春黄金期，不辜负每一寸时光，持续不断地去丰富自我、成就自我，决定了每一个青少年日后的人生高度。

为自己制订一周的学习计划

学习不能盲目，不能漫无目的。没有目标和计划的学习，就像是一艘在波涛汹涌的大海中迷航的小船一样，失去了正确的方向指引，也就很难顺利到达成功的彼岸。所以，在学习时，请以一周为一个时间段，为自己制订一个合理的学习计划。

计划，是行动的先导

在《礼记·中庸》一篇中，记载了孔子对前来请教为政之道的鲁哀公提出的一个重要建议："凡事预则立，不预则废。"孔子这句话的意思是，做任何事情，都要提前有准备、有计划，先期的基础工作做扎实了，事情才能取得圆满的成功。

学习也是如此。青少年在学习的过程中，也应提前制订好详细可行的学习计划。按照计划上的安排，踏踏实实地努力执行，这样才能够获得较好的学习效果。

通过观察不难发现，那些在学习上游刃有余的青少年，和那些面对学习一筹莫展的青少年相比，智力上差别很大吗？其实不是，智力对于学习效果的影响，只是占了很少的一部分，关键的问题还在于青少年有没有合理的学习计划和正确的学习方法。

现实中，一些青少年确实不太注重学习计划的制订，或者说，在他们的内心深处，还没有树立起要制订学习计划的意识。因为缺少一定的计划安排，所以就导致他们学习上的盲目性，不知道学习重点和难点是什么，也没有轻重缓急的概念。因此，看似整日里也是一副忙忙碌碌的样子，但就是不能取得一个好的学习效果。

毋庸置疑，一个切实可行的学习计划，对于青少年养成良好的学习习惯，以及提升学习效率，起着不可忽视的重要推动作用。在明确的学习计划的指导下，青少年可以从容自如地安排好时间，将有限的精力恰当地分配到学习中去，促进学习目标的实现。

如何制订一周的学习计划呢

学习计划的重要性不言而喻，因此在每一个新学年的开始，青少年都应为自己及时制订一份详细的学期学习计划。其中，一周的学习计划，又是重中之重。

为什么要着重强调一周的学习计划呢？这也是由青少年日常的学习规律决定的。如果计划周期过长，可能就会存在较大的变数。

假如以一学年为单位，在现实中就会遇到难以有效执行的困境。有时老师临时变动教学要求，或者是自己学习实际情况发生变化，都需要青少年重新去调整学习计划，这些都会影响到整体学习进程的推进。所以说，制订学习计划的最佳时间单位应当以一周为宜。

那么，一周的学习计划如何制订呢？这就需要结合每一个青少年的具体学习情况，做到不同情况不同分析。

比如早上适合朗读背诵，青少年不妨将英语、语文等需要背诵的篇目安排在清早；晚上适合思考，就可以多做一些数理化方面的训练题。

当心中有了这样一个较为明确的学习计划时，接下来可以动手制作一张小小的"一周学习计划表格"，将一周的学习计划与安排列出来，如星期一早上背什么？星期五晚上复习哪些科目？将具体的学习任务明确地体现出来。

鉴于青少年个体的实际情况不同，在一周学习计划的制订上，需要注意以下几个方面。

一是严格区分生活时间和学习时间。

一天之中，青少年除了学习之外，还要有吃饭、睡觉以及一定的娱乐放松时间。因而在学习计划的制订上，要给吃饭、睡觉等活动预留充足的时间。只有得到了充分的休息，精力充沛了，才能全身心地投入学习中去。

二是学习计划的制订要有重点和主次之分。

重点和主次之分，指的是在各个科目的学习上，语文、数学等主科目，或者是物理、化学等学习难度大的科目以及自己薄弱落后的科目，应当多安排一些学习时间，将更多的精力向这些科目倾斜。

做好自我检测

制订合理的学习任务量

分清重点和主次

区分生活和学习时间

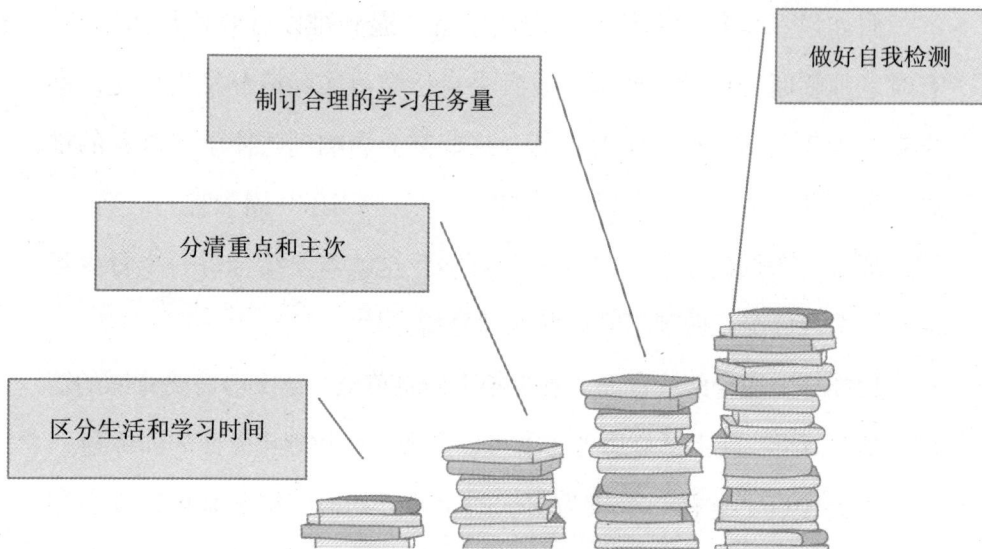

制订学习计划的注意事项

三是学习计划的任务量要有一个合理的度。

在一周的时间内，数学要做多少道题，作文练习写几篇，英语背诵多少个单词等，所有这些学习任务的数量，都应有一个合理的度，才会有利于学习目标的全面完成。如果任务量太大，实际学习时根本完成不了，那么这种学习计划的制订，也就失去了应有的意义。

四是自我检测。

一周的学习计划完成之后，青少年可以抽出一些时间，进行检查审视，查看学习计划的完成情况，针对其中的不足，在新一周学习计划的制订上加以修正完善。

不要浪费课堂上的每一分钟，课堂学习是基础，课外学习是有益补充

　　青少年的学习大部分是在课堂教学环节上进行的。每一节课堂，不仅有老师的"传道授业解惑"，也有和同学们的交流互动，这些都是学习知识的好时机。课堂学习是基础，青少年要把握好课堂上的每一分钟。此外，课外学习是有益补充。合理安排课堂学习和课外学习，充分利用好课堂内外的每分每秒，自然就会有好的学习效果。

不要轻视每一节课堂

　　课堂，可以说是青少年汲取知识营养的最重要场所。对于广大青少年学生而言，学习知识的主要途径是课堂学习。

　　为什么要强调课堂学习的重要性呢？其中的原因自然不难理解。

首先，课堂是青少年学习知识的主阵地，除了必要的休息时间外，每一位学生一天中的大部分时间都是在课堂上度过的。把握住课堂上的每一分钟，实质上也就是把握住了获取知识的每一个机会。一旦错过了课堂上宝贵的学习机会，课下再想尽办法去努力弥补，难免事倍而功半，有些甚至为时已晚。

其次，课堂上的每一位老师，为了能够将知识传递给讲台下面的学生们，都非常重视每一节课。他们精心备课，组织条理，系统梳理，将自身的教学经验和技巧全面融入其中，然后以深入浅出的生动讲解，启迪学生们的智慧。

换句话说，老师在课堂上讲解的内容，都是知识点浓缩后的精华，有助于知识吸收和消化，这要比青少年独自摸索、领悟要高效得多。

再者，课堂是青少年集体学习的地方，这里有浓厚的学习与合作氛围，以及安静的学习空间，置身其中，小组合作，互帮互助，相互之间也可以充分地交流、讨论，互相启发，在"你追我赶"的良好氛围中，实现共同进步和提高学习目标。

尽管每堂课只有短短的 45 分钟，但是青少年千万不能忽视，因为一节节课堂时间累加起来，将是一个非常庞大可观的时间总量。因此，青少年应从点滴积累开始，从当下做起，珍惜每一节课堂，牢牢抓住课堂上的每一分钟。

如何才能不浪费课堂上的每一分钟呢

课堂上学习的机会非常宝贵，对于青少年来说，每一分、每一秒都不应浪费，唯有如此，才能实现时间利用的最大化。在具体的课堂学习中，有这样几个小技巧值得效仿。

⭐ 做好课前预习

课前预习，是对课上将要学习的知识内容提前形成一个大概的印象，这样在课上听讲时，就能更好地跟上老师授课的节奏。

需要注意的是，课前预习，并非泛泛地粗略翻看一下就可以了，而是要从中梳理出新知识的难点和重点，紧紧抓住不懂的地方，做到"带着疑问进课堂，带着答案出课堂"。这样做，才能在完全紧跟老师思路的同时，在同样的学习时间内收获更多。

⭐ 上课铃声一响，就要进入精神高度集中状态

注意力集中，全身心投入课堂学习中去，就会有良好的学习效果。但有一些青少年，课堂上老师"紧锣密鼓"地用心讲着课，而他们却在下面分了心、走了神，心思完全不在课堂上。

正确的学习态度是，当听到上课铃响起时，便应立即集中精神，端正坐姿，将心思都放在课堂上，全神贯注，抓住课堂学习的每一分、每一秒，不错过任何一个知识点的讲解与练习。

⭐ 抓住听课的重点和关键

听课，要善于抓住重点。每堂课的重点主要集中在老师新讲授的

知识点上，其中也包括学生们容易出错和混淆的地方。抓住了这些，就意味着抓住了听课的"关键点"。

同样的一堂课，为什么有些同学的学习效率很高？原因就在这里。善于抓住关键和重点，用心听、留心记，这堂课才不会被白白浪费。

⭐ 珍惜课堂上的交流互动时间

学习，要带着疑问去学。课堂上，当老师给同学们交流提问的互动时间时，青少年也一定要敢于抓住这个难得的机会，对于不懂的地方，可以大胆地向老师提问，也可以和身边的同学探讨交流。在互动的过程中，加深对知识点的认识与理解。

合理安排课堂学习与课外学习

除了课堂学习，青少年也不能低估和忽视课外学习。

但课外学习不是课堂学习的替代，青少年不可因为有课外学习就忽视了课堂学习的重要性。青少年要以课堂学习为主，以课外学习为辅，合理安排学习。

如果青少年的成绩不佳，至少说明课堂学到的知识掌握得不牢固，青少年的课外学习就应以查漏补缺为主，即所谓"补习"。

如果青少年的成绩较好，说明课堂学到的知识掌握得还可以，青少年的课外学习就可以拓展延伸为主，即所谓"培优"。

　　无论是哪种情况，课堂学习都是基础，是青少年最应重视的学习时间，是青少年学习不可或缺的一部分。而课外学习也并非可有可无，如果安排得当，将会是课堂学习的有益补充。

分清主次，列出优先项，先做重要的事情

抓住事物的重点，做事才会效率更高、效果更好。同样，学习也是如此，分清主次很重要。分清主次，指的是将学习内容按照轻重缓急加以区分，根据重要程度的不同，列出优先项，将主要精力放在优先项的学习上。这也是提升学习效率的聪明做法。

为什么有时候努力了却没有成效呢

学习，是增长个人才干的重要途径。青少年的青春期，也是学习的大好时期，只有持续不断地努力学习，才能用知识来充盈自我的内心，在实现个人价值的同时，成为对社会有用的人才。

然而，在学习过程中，一些青少年看起来也非常努力，他们每天起床早、睡觉晚，读写记背都无比认真，恨不得将一天中的所有时间都用在学习上面，但是结果却不尽如人意。

很多时候，这些看似无比努力的青少年，却始终在原地徘徊，并没有取得多大的学习成果。明明付出了那么多，却换不来好的成效，问题出在了哪些地方呢？

观察这些青少年的学习方式就会发现，不会统筹安排学习时间，在各个科目的时间分配上也没有做到主次分明，最后导致的结果就是什么都想学，希望能够十全十美，反而却什么都学不好。

浩浩是一名初一新生，日常学习也非常用功。作息习惯严格自律的他，早上六点钟就开始起床学习了；晚上放学回家，也是在父母的不断催促下，才肯合上书本休息。

一晃半年的时间过去了，认真努力的浩浩却未能取得理想的学习效果。在班级中，他的学习成绩一直在中游徘徊，未见有明显的进步。

看到儿子焦急的模样，浩浩爸爸和他一起分析其中的原因。很快浩浩爸爸就发现问题出在了学习时间的统筹安排上。不懂合理分配学习时间的浩浩，一会儿背单词，一会儿又拿起历史书读起来，没读上几句，就又火急火燎地去做数学题，所有科目平均用力，搞得身心俱疲。尽管他每天从早忙到晚，但因为不分主次，做不到重点突出，学习效果不佳自然也就不足为奇了。

统筹安排，主次分明，高效管理学习时间

一些时间管理心理学研究一致发现，经过时间管理的训练后，儿

童和青少年都能显著提高注意力，防止拖延。其中一个重要的训练技巧是使用四象限法则安排事务。它主张将生活中的事务按照"重要"和"紧急"程度来划分为四个象限：非常重要且紧急的事情处在第一象限；重要但不那么紧急的事情处在第二象限；既不重要也不紧急的事情处在第三象限；紧急但不那么重要的事情处在第四象限。

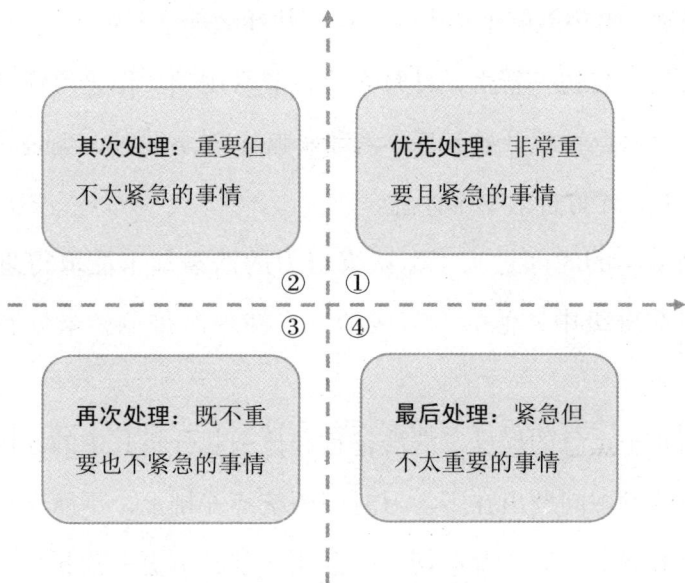

四象限法则示意图

这一法则告诉我们，生活中无论做任何事情，都应分清主次，要懂得先去做最为重要的事情，即优先项。

学习，也遵循着同样的道理。那么，在每天的学习上，青少年又该如何做到主次分明、正确排列优先项呢？

首先，应当明确学习任务的轻重缓急。也就是根据学习难度和任务完成的紧迫性，将每天的学习任务分为三个层次。重要且必须完成的任务，即为优先项，应放在第一位；一般性的任务，放在第二位；可以暂缓完成的任务，放到最后去做。

其次，学会统筹分配学习时间。对于处于优先项的任务，拿出80%的精力去应对；其余一般性或能够暂缓完成的任务，可以将20%的精力分配给它们。

这样做，不仅区分了主要任务和次要任务，突出了重点，也较好地实现了时间和效率的完美统一，学习效率也将会得到显著的提升。

聚精会神，在规定的时间里学习

学习，重在质量和效率，在规定的时间内高效地学习才是关键。而高效学习，离不开青少年专注力的培养，需要青少年聚精会神。

每天需要学习多久才会有成效

在学习问题上，一些青少年常常会这样发问："除了必要的课堂学习之外，课余时间每天需要学习多久才会有显著的成效呢？一个小时还是三个小时呢？"

对于学习时间长短的问题，我们要辩证地进行全面认识。诚然，学习不是一蹴而就的事情，知识的获取、吸收、增长，是一个漫长的过程，背后需要大量的时间来支撑。只有长时间的努力坚持、点滴积累，才能迎来学有所成的美好结果。

　　然而，青少年需进一步认识的是，时间并非决定学习效果的唯一因素。如果做不到注意力集中，不能够在单位时间内高效率地学习，拖拖拉拉，分心走神，那么花费再多的时间也不会有多大的用处。唯有聚精会神、全神贯注地投入学习中，学习的效果才会逐步显露。

　　西汉时期，董仲舒为了进一步发扬儒学，下定决心闭门不出，全身心地投入儒学的研究学习中。

　　在长达三年的时间里，董仲舒集中精力，专心攻读。在他的书房后面，有一座美丽的花园，但为了不让自己分心，三年时间内，董仲舒从未踏入花园半步。

　　董仲舒的这种聚精会神的学习态度，让他在三年之后在学问上获得了长足的进步，受到了汉武帝的赏识。在皇帝的支持以及董仲舒的努力推动下，儒家学说的影响力进一步增强，终成百家学说中的"独尊"。这一故事就是"三年不窥园"典故的由来。从中我们可以发现，要想学有所成，除了需要付出足够的学习时间，更重要的是在单位时间内集中精力学习。

　　由此可见，每天学习多久并不像大多数人以为的那么重要，重要的是在学习时精神是否做到了高度的专注和集中。

做到聚精会神并不难

　　生活中时常见到这样的情况：有些青少年开始准备学习了，却迟迟进入不了学习的状态中去，一会摸摸这儿，一会碰碰那儿，如此三心二意又怎么会有好的学习效果呢？很多时候，青少年做不到聚精会神，原因就在于目标管理和时间管理意识淡薄。

既然认识到了自身学习时注意力易分散的毛病，青少年就应当从提升专注力入手，以单位时间内高效学习为目标，让自己变得更优秀。

⭐ 树立并管理学习目标，激励自我

注意力的培养，需要一定的目标作为引导和激励。这就像练兵场上打靶一样，如果没有靶心，打靶射击训练就会缺乏核心目标，战士们也就没有什么动力去练习射击技术了。

学习上也是如此。给自己设定中长期目标，有了明确的目标作为导向，就能在规定的学习时间内为完成目标而全力以赴，有目标导向的学习更容易做到注意力的有效集中。

⭐ 有针对性地加强时间管理训练

注意力的提升，仅凭单一的学习目标还不够，平日里，青少年还要有意识地加强时间管理方面的训练。

其中一个简单有效的训练方法是"番茄钟学习法"。青少年可以尝试使用"番茄钟学习法"去帮助自己进入学习状态，提高学习效率。具体可借鉴以下步骤来进行。

第一，梳理、规划今天要完成的工作任务，写下一份任务清单。

第二，用闹钟或手机定下学习的"番茄钟"，如25分钟或半小时。

第三，对照任务清单，聚精会神地进行第一项任务，当闹钟响起时，你便完成了第一个"番茄钟"。

第四，在任务清单上第一项任务处做标记，休息 5 分钟。可远眺舒缓视力疲劳或四处走走，活动一下身体。

第五，设定下一个"番茄钟"，一直到完成第一项任务，将它从任务列表中划掉。

第六，持续以上步骤，直到完成今天的所有任务。

有压力才有动力，有了紧迫感和任务压力的驱使，自然会要求自己集中精神。长期地坚持这种时间训练，就能养成集中注意力学习的好习惯。

⭐ 意志坚定，排除一切外界的干扰

在培养注意力和专注力的过程中，个人的坚强意志发挥着重要的作用。学习前，适当开展一些娱乐活动也不是不可以，但一旦进入学习状态，青少年就要告诉自己，不吃零食，不玩手机，做到心神合一、心无旁骛。

为此，青少年在开始学习时，就应自动"抑制"和"丢弃"影响自己集中精力学习的外界干扰源，将零食、手机等让人分心的物品远远拿开。

⭐ 劳逸结合、适度放松有助于精神的高度集中

在规定的时间内，聚精会神地去学习，学习结束，便可以适度地休息放松。二者之间并不冲突。学习时，就要专心致志、心无杂念；

学习累了，也完全可以让自己放松放松，听一听和缓的音乐，或者是出去走走、散散步、锻炼一下身体。正如古人所说："一张一弛，文武之道。"青少年在学习中做到劳逸结合、有张有弛，才会有持续高度集中的精神状态。

拒绝拖延，规划好学习任务，今日事今日毕

心理学研究发现，因为负责行为自控和任务计划的前额叶皮层在青少年时期发育尚不成熟，所以青少年比成人更容易受到拖延症的困扰。拖延，是一种不良的行为习惯。青少年一旦在学习上养成拖延的坏习惯，就会导致应该完成的学习任务，非要今天推明天，明天推后天不可。累积到最后，问题像雪球一般越滚越大，想要解决却又束手无策，这时再去后悔，已然为时已晚。青少年在学习时，应拒绝拖延，规划好学习任务，做到今日事今日毕，养成良好的学习习惯。

计划满满，不如从当下做起

想法再多，计划再全面，都不如立即行动起来最有效。古往今来，多少人在拖延中延误了时机，丧失了大好机会。

《三国演义》中，大将孟达曾背叛蜀汉，投降曹魏。后来他又心向蜀汉，有了举城叛魏的打算。

诸葛亮得知孟达想要回归蜀汉的想法后，劝他赶快行动，以免夜长梦多。而孟达却不以为然，认为他镇守的新城远离京师，用不着太着急，司马懿即使得知消息，调兵遣将赶来，也要花费一两个月的时间。

谁知司马懿得知孟达反叛的消息后，不等魏国皇帝批准，直接出兵赶来，短短八天的时间就兵临城下，出其不意，杀了孟达一个措手不及。不听劝告、行动拖延的他，最终落了一个被杀的下场。

现实生活中，很多青少年也是如此，他们的身上有着严重的拖延习惯，遇事总是一推再推、一拖再拖。也许在他们内心深处，列计划只是走个形式，列出来的计划总是满满当当，却迟迟不能付诸行动。

事实上，时间是如此宝贵，放任大把大把的时光从手指间匆匆流逝却一无所获、一事无成，无疑是一种令人痛心疾首的浪费。那么，如何才能把握好生命中的每一天呢？这就需要青少年有强烈的时间意识，珍惜大好的青春时光，将主要精力用在学习上，高效率地完成各类学习任务。

很多青少年也认识到了时间对于学习的重要性，每一个新学期开始，他们也雄心勃勃地为自己制订各种学习计划，一副信心满满的样子。然而，在实际的学习过程中，却又是另外的一番模样。不愿吃苦也不能吃苦的他们，一旦在学习上遇到困难，或是懒惰心理占了上峰，就会产生拖延的行为表现。今日推明日，明日推后天，曾经信心满怀制订的学习计划与学习目标，也毫无意外地"搁浅"和被"雪藏"了。

高效学习，一个至关重要的前提就是把握好今天的每一分、每一秒。要知道明日自有明日事，把握好今天，做到今日事今日毕，杜绝拖延的坏习惯，久久为功，才能一步步将理想变为现实。

因此说，计划满满，不如从当下做起，从现在起步，一步一个脚印地扎实前行。倘若在拖沓中放弃了今天，也就相当于失去了美好的明天，最终"一步慢，步步慢"，与自己的目标越来越远。

告别拖延，绝不把问题留给明天

拖延，是人生发展前进道路上最大的"敌人"之一。具体到学习上，拖延也是阻碍青少年高效学习的一大障碍。一些青少年也明知拖延的危害，但又不知道该如何下手。那么，如何才能养成今日事今日毕的良好自律习惯呢？

⭐ 自我反省，自我监督

每天晚上，在睡觉之前，先要问自己几个问题：今天的学习任务是否完成了呢？课堂上的知识内容是否完全掌握了呢？明天的功课是否预习过了呢？

通过这种"抚心自问"的方式，查找自己当天学习上的不足之处，在自我激励、自我监督的基础上，高效率地完成各种学习任务。

⭐ 自我加压，自我鞭策

拖延，是自律的对立面。背单词，每每背不了几个就想玩游戏；做数学题，还没有做出一道就又想着去追剧看小说。缺乏自律精神的青少年，就只能在拖延中慢慢荒废下去。

告别拖延，要学会逐步自我加压，主动规划并及时完成每天的学习任务。比如，阅读时就要排除干扰，认认真真地去读，今天的阅读任务什么时候完成，什么时候再去休息睡觉。坚持自我加压、自我鞭策，激励自己完成学习任务，不断地去超越自己、战胜自我，自律勤奋的好习惯也就能悄然形成了。

认真规划学习任务

青少年对学习任务进行规划，有助于从整体上把握学习进度，提高学习效率。具体进行学习规划时，要注意以下几点。

其一，按照目标和阶段，将学习任务以天、星期、月、学期为单位分别进行规划。

其二，根据不同学习科目的特点，分配不同的学习时间和学习时段，充分利用时间。例如，语文、英语等科目的背诵部分适合放在早晨或利用碎片化时间，数学、物理等考查逻辑思维能力的科目适合利用大段、整段时间集中练习。

其三，学习任务规划要兼顾各科学习。青少年学习时，常常愿意在自己感兴趣的科目上花费更多时间，但长此以往容易造成偏科现象。

因此，在进行学习任务规划时要避免偏科，为各科合理分配时间，这样才能各科并进，最终取得全面发展的良好成绩。

其四，学习任务要具体。一些青少年在进行学习规划时，只是安排了时间和科目，但是没有对科目具体的学习任务进行安排，这容易导致青少年在执行时，因目标任务不明确而遗漏一些学习内容。因此，在进行学习规划时，要列出具体科目的具体学习任务，比如背诵某段语文课文，完成某页数学练习等。

青少年规划好学习任务，认真执行，做到不拖延、今日事今日毕，日积月累，必能取得学习上的进步，达到良好的学习效果。

充分利用碎片化时间

碎片化时间指的是什么呢？简单理解，碎片化时间，就是人们在学习、生活之外的零碎时间段，也可以称作分散性时间。等电梯，乘坐公交、地铁等，所有这些零散的时间段，都可以归为碎片化时间。青少年如果能够充分利用碎片化时间去学习，将会养成珍惜时间的好习惯，日积月累也将有不错的学习效果。

为什么要学会利用碎片化时间

如今我们处在需要终身学习的新时代，现代社会的激烈竞争更加要求我们践行终身学习的理念。为了获得科学文化知识，青少年需要利用一切可以利用的零碎时间去学习，用丰富的学识来充盈自我。

但时间从哪里来呢？除了必要的课堂学习时间之外，碎片化时间也是一个不可忽视的存在。如果青少年能够重视并充分利用碎片化时间，将会额外为自己争取到更多的学习机会。

古往今来，善于学习的人，都是善于利用碎片化时间的大师。北宋时期著名的文学家欧阳修，就是一位懂得充分利用碎片时间的聪明人。平日里，欧阳修忙于公务，用于学习的时间就显得不够了。怎么办呢？欧阳修另辟蹊径，从碎片化时间中看到了希望。于是在公务之余，骑马坐轿，乃至上厕所的时间，都被欧阳修充分地利用了起来。对此，欧阳修也直言不讳地表示："余平生所作文章，多在三上，乃马上、枕上、厕上也。"

从欧阳修的话语中不难看出，他之所以能够取得高超的文学艺术成就，在繁忙的公务之外，还能有时间去创作数量众多的优秀作品，其中的关键就在于他懂得利用一切可以利用的时间，在别人所忽视的碎片化的时间里笔耕不辍，最终取得了令人瞩目的成就。

然而，在一些青少年眼中，碎片化时间太不起眼了。他们质疑坐车、等电梯等零碎时间是否真的能够对学习起到促进作用。事实上，也许在一天之中，独立、零散的碎片化时间确实没多少，背不上几个单词，读不了几页书。但一个个五分钟、十分钟，乃至半小时、一小时累积起来的总和，可就是一个非常可观的数字了。正如荀子在《劝学篇》中所说："不积跬步，无以至千里；不积小流，无以成江海。"在点滴积累之中，学习到的知识量，也足以令人惊叹。

掌握碎片化时间管理技巧

生活中，有一句话讲得非常好："时间用在什么地方，就会在哪里得到相应的收获。"青少年如果懂得并充分合理利用好每一天的碎片化时间，将这些零散的"珍珠"一一串联起来，在积少成多的基础上，就能编织出灿烂的"知识之花"。

利用碎片化时间，离不开对这些零碎时间段的有效管理。这里有这样几个小技巧，青少年不妨去了解学习。

⭐ 有效管理碎片化时间，将整体学习目标分散到每段时间内

青少年管理好自己的碎片化时间，自然是为了读书学习。因此，可以提前为自己制订一定的学习目标，并将这些学习目标分成若干小段。在每一个碎片化时间内，可以学习其中的一小段，最后学完之后，将这些小段的知识点连接起来，整体的学习目标也就在不知不觉中完成了。

⭐ 根据不同类型的碎片化时间特征，学习不同的知识内容

碎片化时间具有不确定性和随意性的特点。比如今天临时出门，需要乘坐公共交通；和同学约定在某个地方碰面，到了约定时间，却不见同学的身影，只得继续耐心等候；上下楼等电梯；等等。这种碎片化时间的时长可长可短，也具有随意性。

因此，青少年要根据不同类型的碎片化时间特征，选择学习的内容。时间短的话，可以背几个单词；时间长的话，可以深度阅读一篇文章。总之，学习任务要符合具体的碎片化时间长短。

抓住最佳学习时间段

高效学习，是每一个青少年所向往的学习状态。一天之中，什么时候学习状态最佳、效率更高一些呢？当然是大脑运转最灵敏、最为清醒的时刻。

学习不做无用功

对待学习，勤奋必不可少。但在勤奋之外，青少年还要懂得用巧劲儿，学会科学用脑、健康用脑。什么时间段学习效率高，就要牢牢抓住这一时间段，让学习效率最大化。

然而，有这样一些青少年，他们明白学习的重要性，平日里也极其刻苦努力，除了课堂学习时间，其他一切可以利用的时间，他们都会拿来努力学习。不过因为缺乏对最佳学习时间段的清晰认识，往往做了很多无用功。生活中这样的案例并不少见。

小林上了高中后，学习的劲头更大了。平日里，他晚睡早起，休息睡眠的时间很少，学习极其自律。

按照小林的学习态度，他应该能够取得较好的学习成绩。不过观察他平日里的学习状况，在班级中并不是太出众。

而且因为睡眠不足的问题，课堂上的小林总是一副昏昏欲睡的模样，这让他万分焦急。明明自己已经很用功了，却始终看不到好的学习效果，问题出在哪里呢？

班上另外一名同学，平时学习上给人一种轻轻松松的感觉，似乎没有下什么大功夫，却总能名列前茅。小林看在眼里，自然羡慕万分，他就主动向那名同学请教探讨，询问对方高效学习的秘诀。

对方笑着告诉小林，想要学习效率得到提升也不难，抓住高效的时间段，就会有良好的效果。不然睡得再晚，起得再早，看似勤奋，实际上大多时候是在做无用功。

同学的一番话点醒了小林。在对方的指导下，学会在最佳学习时间段上用"巧劲儿"的他，学习效率确实获得了成倍的增长。

一天中，最佳学习时间段都有哪些呢

青少年爱学习，也要会学习。在大脑清醒的时刻高效学习、劳逸结合，以最佳的黄金学习时间段为突破口，就能取得事半功倍的绝佳效果。那么一天之中，在哪些时间段里，大脑最为清醒呢？

清晨起床后的6点到8点左右

上午的8点到10点左右

下午的6点到8点左右

睡前的一个小时内

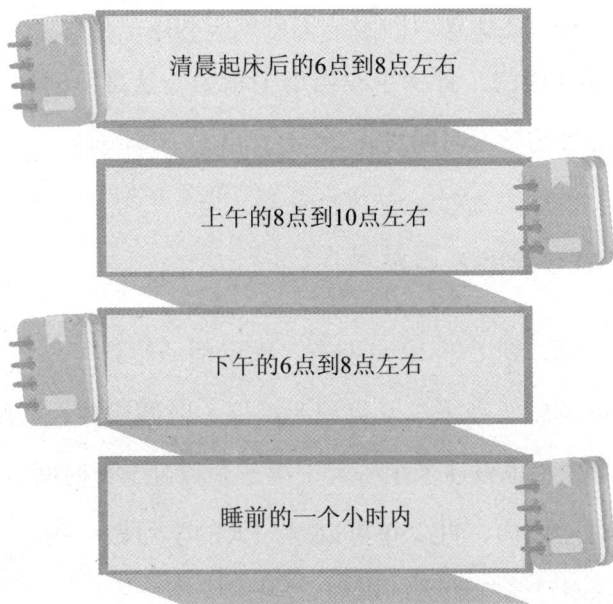

一天中最佳的学习时间段

⭐清晨起床后的 6 点到 8 点左右

青少年是否有这样的感觉：如果睡眠质量好，早上起床后，会感到神清气爽、精神饱满。

其中的原因不难理解。大脑在经过一夜的充分休息后，疲劳顿消，这个时候去背诵记忆一些知识点，效果会非常好。

⭐上午的 8 点到 10 点左右

这一时间段，不仅大脑彻底苏醒了，身体也活力满满，思维活动也非常灵敏，是一天中学习的第二个黄金时间段。

在这一时间段内，青少年应当集中精力，认真听讲学习，充分把握好第二个宝贵的学习时间段。

★ 下午的 6 点到 8 点左右

从清晨起床，到上午 10 点左右，大脑活动达到了一个高峰值。经过一段时间的调整，在下午 6 点到 8 点这一时间段内，大脑又会重新活跃起来，青少年也就迎来了一天中第三个黄金学习时间段。

在这一时间段内，青少年可以对一天的学习做一些总结工作，通过总结，加深对已学知识点的巩固。

★ 睡前的一个小时内

入睡前一个小时左右的时间里，大脑在活跃了一天之后，脑细胞的活动逐渐处于平缓期。在宁静的夜晚，思维会异常的清晰，因此这一时间段也是一个比较好的学习时间段。

青少年可以利用一天中最后一个黄金学习时间段，进行一些回忆、思考的思维活动，进一步梳理白天已学的知识点，并查缺补漏，规划好新的一天。

远离手机，适度网游，做个自律的人

手机的出现，极大地方便了人们的生活，但也给人们带来了一定的困扰和挑战。一个不可忽视的事实是，人们在手机上消耗的时间越来越多。尤其对于那些缺乏自制力的青少年而言，手机里的短视频和网游仿佛具有无穷的吸引力，一旦沉迷其中，就难以自拔，从而对学习造成诸多的负面影响。

客观看待手机背后的利和弊

随着时代的发展，电脑、手机等网络媒介普遍融入了人们的日常生活之中。特别是近些年来，手机的各项功能日益完善，上网冲浪、视频娱乐、文档处理、网络游戏等内容应有尽有。加之它易于携带的便利性，一时间手机成为人们眼中的"第二电脑"，备受欢迎。手机的普及，让众多青少年也成为"手机一族"。一方面，在学习过程中，手机是一个有用的"好帮手"，遇到难懂的知识点，在不方便和老师沟通的情况下，也可以借助手机来实现"解疑答惑"，无疑极为方便快捷。

而从另外一个方面来看，手机的弊端也非常明显，不利于青少年安心地投入学习。比如，被手机里各类App吸引的青少年，有些沉迷于小说的阅读中，有些则被里面的网络游戏吸引，神智和精力都深陷其中。尤其是那些自律性差、缺乏坚强意志力的青少年，手机成了他们日常生活的"重心"。严重者甚至到了"走火入魔"的地步，日渐成瘾而戒不掉，以至逐渐荒废了学业。

由此可见，手机对于青少年而言有利有弊。合理适度地使用，利大于弊；一旦生活的重心被手机"控制"，在本该努力学习的大好青春，却在手机上浪费了大把时光，其结果自然是弊大于利。

网游要适度，不可沉迷

随着手机的普及，网络游戏成为青少年喜爱的娱乐和社交方式。网络游戏需要玩家快速操作，并保持高度的注意力，因此适度的网络游戏可以让青少年放松身心，锻炼青少年的专注力、记忆力和反应力。

但是如果青少年毫无限制地玩网络游戏，很容易沉迷其中，造成游戏上瘾的恶果。如果青少年游戏成瘾，会严重影响身心健康以及学习生活，导致学习成绩下降，甚至日常生活也一团糟。那么，青少年应如何控制自己、避免游戏上瘾呢？

第一，设置好每天玩网游的时间上限。每天设置固定的时间，例如半个小时，设置后要严格执行，到了时间，即使游戏没结束也要立刻停止。

第二，避开容易上瘾的游戏。青少年玩网络游戏时，要进行筛选，选取一些可以开发智力、积极向上的益智类小游戏，摒弃暴力、容易上瘾的大型游戏。

自律地学习，从放下手机开始

摆脱手机对生活和学习的"侵扰"，在当前来看，其实是一种难能可贵的自律。青少年学会放下手机，可以从以下几个方面做起。

⭐ 在学习时尽量远离手机

学习时，手机的铃声和各类提示音，会让青少年时不时地受到干扰，难以做到心无旁骛、精神集中。

因而，青少年在家学习的时候，应适当远离手机，把它放置在远离书桌的角落里或其他房间。视线里没有手机的影子，就会大大降低玩手机的频率。

晚上睡觉前，为了避免过度地看手机、玩游戏和网络社交，不妨将手机关闭，早早睡觉休息，让自己第二天能保持充沛的精力。

⭐ 退出无关紧要的社交群组，卸载干扰学习的各类 App

大量 QQ 群、微信群和各类 App 的存在，使得青少年每次打开手机，便要浏览查看一遍，这会耗费大量的时间和精力。一些游戏类、短视频直播类的 App 更令人欲罢不能，本想玩上几分钟，但不知不觉几个小时的时间都悄悄溜走了。

为了避免自己被手机"控制"，节省宝贵的时间，对于那些没有太大交流价值的 QQ 群、微信群等各类社交群组，以及让人容易上瘾的一些 App，青少年都要及时退出或删除。

⭐ 多培养有益身心健康的兴趣爱好

学习之余，在娱乐放松的时间里，为杜绝过度依赖手机的行为，青少年也可以多尝试一些有益于身心健康的良好兴趣爱好，如游泳、下棋、冥想、跑步以及健身等。

当有了自己真正热爱的兴趣爱好时，生活就会变得更加充实、更加健康。玩手机的时间一旦减少，便能逐渐摆脱手机的控制，久而久之，青少年会变得越来越自律、越来越阳光，顺利告别"低头一族"的生活。

第六章

学习得法，你的进步看得见

影响学习效果和学习效率的主客观因素有很多，包括学习态度、学习兴趣、学习动力、意志力以及投入学习的时间等。除此之外，正确的学习方法也极为关键。学习方法不对，就犹如负重登山，付出了很多，却没有太大的收获；方法得当，好似顺风张帆，转瞬就有"轻舟千里"的良好效果。

　　正确的学习方法有许多种，在具体的学习过程中，青少年可以根据自身的实际情况，灵活多样地选择和借鉴恰当的学习方法，让自己轻松自如地取得长足的进步。

自主预习，为起跑助力

青少年想要取得良好的学习效果，正确的方法之一，就是从自主预习开始，逐步加深对知识点的认识理解，变被动学习为主动学习。赢在起跑线上，领先一步，抢占先机。

自主预习的重要性

能够做到独立探究学习内容，是具备优异学习能力的重要体现。其中，自主预习就是一种提升学习能力的好方法。

自主预习，主要是指在青少年独立尝试学习新知识的基础上，能长久坚持下去的课前预习活动。在预习时，应通过一定的读认写算等行为，对在课堂上将要学习到的各个知识点进行初步了解。

具体来说，自主预习对青少年的学习，有这样几大益处。

其一，自主预习，能够培养青少年的主动学习精神，增强他们的自信心。

学习，分为主动学习和被动学习两种。主动学习，精神会高度集中，全身心都沉浸在学习的状态之中，能够在一定的时间内取得极佳的学习效果。反过来，被动学习，虽然大脑里接受了无数的知识信息，但因为缺乏主动思考、主动汲取的精神，学习的效果会大打折扣。

而自主预习，正是青少年主动学习的重要体现，也是培养他们学习主动性的办法之一。

青少年通过自主预习，对新知识、新课程会有较为充分的了解和准备，能够从中梳理出疑点和问题，然后带着问题听老师的讲解，这样他们在课堂上就会心无旁骛地认真听讲，以解决自主预习时遇到的各类问题和困惑。

由此可见，带着疑问去学习，有利于青少年更快地掌握新的知识，他们的自信心也会因此得到极大提升，长期坚持下去，就能够逐步养成主动学习的好习惯。

其二，自主预习，是提升青少年学习效率的"利器"。

通过提前预习，青少年对新知识、新内容在脑海中已经有了一个大概的认知。之后再结合课堂上的学习听讲，就能更容易理解和吸收课堂知识。在同样的一节课45分钟的单位时间内，青少年的学习效率无形中就会得到很大的提升。

其三，自主预习，将使学习效果得到明显的提高。

在日常生活中，一件事情连续做上两遍，其熟练程度明显要高于只做一遍的。学习也是如此，自主预习加上课堂学习，相当于将需要学习的知识内容学习了两遍。在学习效果上，这就比没有提前自主预习的同学好很多。

尤其是在学习上进步较慢的青少年，学会自主预习，会让他们缩小和班级中优秀的同学之间的差距，大大减少掉队的风险。

如何正确地自主预习

作为一种好的学习方法，自主预习对学习成绩的提高有着显著的效果。那么，在实际的学习中，青少年又该如何正确地掌握自主预习的方法呢？

⭐ 通读概览

自主预习，首先要做的就是通读概览。如果是语文、历史、地理这些文科科目，青少年先要拿出一定的时间，将准备学习的篇目通读一遍，对里面的知识点做到心中有数；若是数学、物理、化学这些理科科目，更应认真地浏览翻看一遍，重心放在里面的公式、定理上，积极努力地思考这些公式、定理的概念与内涵。

⭐ 学会记录

读书，离不开对知识点的记录。自主预习时，遇到不懂的难点问题，不妨用笔在课本空白处记录下来，并在后面打上一个大大的问号。这样在听取老师讲解时，就会把听讲的重心放在自己不懂的问题上。

注意力集中了，就更能抓住老师讲解的精髓，一一将其消化吸收。

⭐ 查找相关资料

自主预习时，在通读、记录之后，青少年实际上已经对这些知识内容有了初步的一个印象，但仅有这些还不够。在时间允许的情况下，青少年还要拿出一部分时间去查阅一些与预习重难点相关的资料。了解得越深入，就越有助于对知识点的理解掌握，在接下来的课堂听讲时，自然就能进一步做到触类旁通、举一反三。

⭐ 自我测试

自主预习后，对里面的知识点到底有没有掌握？又掌握了多少呢？为了了解这些情况，青少年在预习后可以再提前做一做课后练习题，对预习的效果做一个简单的测试。通过这种小测验，能对预习过的知识内容进一步加深印象，提升自主学习的能力。

学会记笔记，将受益终生

学习，就是要将学和思完美地结合在一起。在学习过程中记笔记，实际上也是对所学知识点的再认识、再思考和再总结，有时灵感也会在其中闪现。因此，养成勤记笔记的良好习惯，记录和整理知识的精华部分，青少年将会取得更大的进步。

笔记，是提升学习力的重要方法

在读书治学上，古人也非常重视学习方法的总结，他们认为，想要有一个好的学习效果，在读书时就应做到"眼到、口到、心到、手到"这四个方面。其中，"手到"指的就是做笔记。

看了，读了，背了，为什么还要将重要的知识点记录下来呢？这是因为通过记笔记的方式，不仅可以巩固所学，积累知识，而且方便日后查漏补缺。因此，综合来看，学会记笔记，是提升青少年学习力的关键一环。

宋代诗人梅尧臣每每外出的时候，总会随身携带一个小布袋。他这样做的目的是什么呢？原来当他途中读到佳句妙语时，就把这些精彩的语句一一写在纸片上，然后放入小布袋中，便于收集保管。日后需要进行文学创作时，梅尧臣就会从小布袋中将先前记录的纸条取出来吟诵领悟，从中寻找诗词写作的灵感。这种好的学习习惯帮助梅尧臣成为宋代著名诗人。

无独有偶，俄国的大作家果戈里也有一本厚厚的笔记。笔记里面记录的内容五花八门、包罗万象，涵盖了文学、史学、地理等各个方面的知识和素材。这些笔记让他的文学创作"如虎添翼"，一部部不朽的名篇源源不断地从他的笔尖流出。

俗话说："好记性不如烂笔头。"所以，在学习的过程中，每当遇到美妙的词句、各类知识点的精华部分以及学习心得体会时，都应尽快动笔，将其全部记录下来。

"合抱之木，生于毫末。"从现在开始，学会记笔记，从点滴的记录开始，持之以恒地坚持下去，青少年最终能够因为这一良好学习习惯而受益终身，成为对社会有用的栋梁之材。

记笔记，记什么，如何记

记笔记，是提升青少年学习力的重要方式，能很好地弥补记忆上的欠缺。那么，具体到记录的内容，究竟记什么？又该如何做笔记呢？

一些青少年对笔记记录的学习方式不太了解，也许会想当然地认为，既然是记笔记，无非就是将看到的、听到的全部都记录下来就行了。问题是，这样做可行吗？

显然，不分重点和主次的笔记记录，在实际学习的过程中根本是无用功，难道读到一本厚厚的书籍，或是听到老师长长的精彩讲解，都要一字一句记录下来吗？这样做，无疑是一种极为笨拙的学习方式，效率极其低下，对学习几乎起不到任何有效的帮助。

所以说，在学习中记笔记虽然非常重要，但青少年需要明白的是，记笔记绝非通篇记录，而是要有选择性地记。这要从笔记记录的不同种类说起。

笔记记录的种类可以分为很多种，其中有摘录式笔记、提纲式笔记、心得式笔记以及仿写式笔记等。

摘录式笔记　　提纲式笔记

心得式笔记　　仿写式笔记

笔记记录的不同种类

摘录式笔记是指将阅读和学习过程中遇到的精彩的字、词、句、段记录下来，归纳其中心思想和主要论点。

提纲式笔记主要以列提纲的形式，将文章的框架或重要的知识点记录保存下来。

心得式笔记是指在阅读和学习之后，将内心产生的感想、认识、启发等记录下来。

仿写式笔记主要是指对名篇佳句的仿写记录，也是能够迅速提高青少年学习力的一种笔记形式。

青少年不仅要懂得笔记需要记录些什么，也需要掌握一定的笔记记录方法和技巧。三栏黄金分割法就是一个非常值得青少年学习借鉴的笔记记录方法。

所谓三栏黄金分割法，就是指在笔记记录上，将需要记录的内容分为三个栏目。一栏填写记录知识点的主要部分，一栏记录自我的心得体会，最后一栏对记录的知识进行总结归纳。这样的记录方式，不仅结构简洁明了，还包含知识点的总结提炼，值得青少年多多学习借鉴。

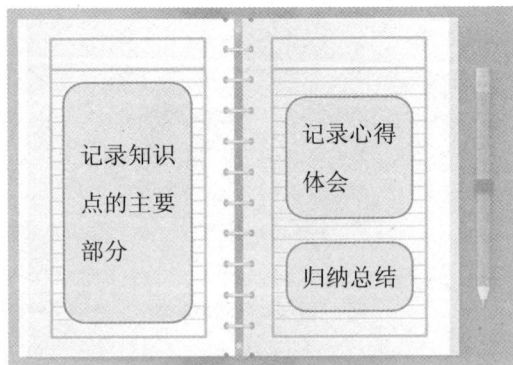

三栏黄金分割法

学而时习之，动态评估学习效果，才不辜负努力

"学而时习之，不亦说乎！"这句话出自《论语·学而》一文。孔子以这句话来告诉世人，通过对旧知识的不断温习，能够产生更多的体会、感悟和理解，获取新的认知。新学问、新认知，都是建立在温习旧知识的基础上，也即"温故"才能"知新"，两者是递进的逻辑关系。

温故才能知新

在平时的学习生活中，有些青少年一味地追赶学习进度，为了获取新知识、新信息，达到了废寝忘食的地步。对他们身上的这种努力学习的精神，首先要给予肯定，然而，在努力学习新知识的同时，他们有没有做到对旧知识的经常温习呢？

在这些青少年看来，如果把大量的时间和精力放在对已学过的旧知识的巩固上，恐怕会耽误新知识的学习进度。

事实上，对"温故"抱有偏见的青少年，是由于没有深刻地理解"温故"和"知新"之间的辩证关系。

一方面，温故并不耽误新知识的学习掌握，反而更能促进青少年对新知识的了解和掌握。原因在于，通过经常温习旧知识，青少年会产生很多初学时没有过的新领悟，这些领悟和认识，是新知识学习的必要基础。

盖万丈高楼，基础非常重要。基础扎实牢固，才能一层一层地不断累加楼层的高度；反过来，基础不牢靠，大楼盖不了多长时间，就会因地基松动而被迫停工。

而温故，正是对基础的持续加固，地基彻底打结实了，才会有持续向上发展的可能；否则就犹如"空中楼阁"一般，松垮的地基上注定盖不出万丈高楼。

另一方面，温故，是为了将青少年所学习过的知识全部系统地连接起来。知识成系统、成体系，才算是做到了深度学习和熟练掌握，并能真正地达到触类旁通的最佳学习境界。

比如，在学习英语时，昨天前天记忆的单词，到了今天就忘得一干二净，那么，这样的学习又有什么真正的意义呢？前面学，紧接着后面忘，脑海中所掌握的知识点，只有眼下学得的一点。想一想，这种从不"温故"的学习方式怎么能有持续的进步和收获呢？

古语云："书读百遍，其义自见。"知识的精髓，深藏在它看似无关紧要的字里行间，只有一遍遍地温习阅读，读通读懂读透，才会拥有孔子"学而时习之，不亦说乎"的那份喜悦快乐的心境。

温习的正确方法有哪些

综上所述，温故与知新并不矛盾。明白了温故和知新之间的关系，青少年也就应当从中看到温习的重要性。正如宋代著名理学家朱熹所强调的那样："反复熟读，时时温习，是要法耳！"

明末清初的著名思想家顾炎武，就是一位在学习方面善于温习的典型代表人物。读书学习时，对每一本书中的重点部分，他都会反复地阅读背诵，直到彻底理解掌握为止。

具体到青少年，在实际的学习过程中，又该如何温习，才会有更好的收获呢？

⭐ 课后及时复习放首位

随着学习的不断深入，青少年自然就会发现，不仅学习的科目增加了很多，每一堂课的知识容量也逐步增大，各学科的知识体系联系也越来越紧密、越来越深奥。因此，整个白天的时间，青少年大多都处在学习新知识的紧张节奏中。

想要真正掌握学过的知识点，就离不开必要的"温故"工作，也就是及时做好课后复习。这在第四章我们讲遗忘规律时，已经强调过了，复习一定要及时。比如，在晚上的时候，青少年可以充分利用这一宝贵的自由学习时间，对一天中学习到的知识内容进行全面的梳理、总结、温习和反思，查找白天学习上的不足地方，回忆课堂上老师讲授的重点与难点，一一温习识记。适当的时候，也可以通过多做练习题的方式达到巩固提高的目的。

⭐ 阶段性温习是关键

除了每天的课后复习外，青少年也可以为自己制订一个阶段性温习的计划，让阶段性温习成为一种常态。比如一周中抽出一定的时间，将本周学习过的知识重点全部温习一遍；一个月过去了，也可以按照这样的温习方式，将本月学过的知识总结梳理一遍。通过一次次阶段性的温习，知识基础会越来越扎实，掌握新知识也就会变得轻松自如很多。曾经的努力与付出，更不会被白白辜负。

动态检测，及时评估，有效改进

青少年的学习受多种因素的影响，是一个动态的过程，因此青少年要学会随时"回看"自己的学习成效，检测自己的学习成果，并对自己前一阶段的学习做出评价，及时总结经验和发现问题，不断改进学习方法。

青少年对自己学习效果的动态检测、评估以及改进，具体可参考以下几点建议。

第一，制订学习检测计划，结合学习实际，机动灵活地总结、复盘，随时掌握自己的学习情况。

第二，对自己的学习效果的检测与评估要尽量客观、全面，如此才能真正做到查漏补缺、优化改进。

第三，青少年在进行自我评估时，一方面，要参照自己以往的学习情况，做好纵向评估；另一方面，也要善于与其他同学的学习情况进行对比，做到横向评估。这样便于青少年准确发现问题和不足，了解自己的学习进度和深度，进而更有针对性地改进学习方法。

调动全身感官，一起参与学习

学习是一个复杂的认知过程，需要青少年掌握足够多的学习技巧与方法，充分调动身体感官，增加学习体验，从而提高学习效率和优化学习效果。

"五感"学习法，眼、耳、口、鼻、手齐上阵

眼、耳、口、鼻、手（或四肢）是人体的五种基本感官，通过加强这五种感官的感受和体验来辅助学习的方法就是"五感"学习法。

"五感"学习法是当前比较流行的一种学习方法。"五感"学习法能为青少年塑造一个感官刺激丰富而又立体的学习环境和感受，从而促进青少年大脑多个区域的活跃，加深青少年对所学知识内容的感知和理解；有助于发展青少年的多种感知能力，调动全身感觉器官来提高学习效率。

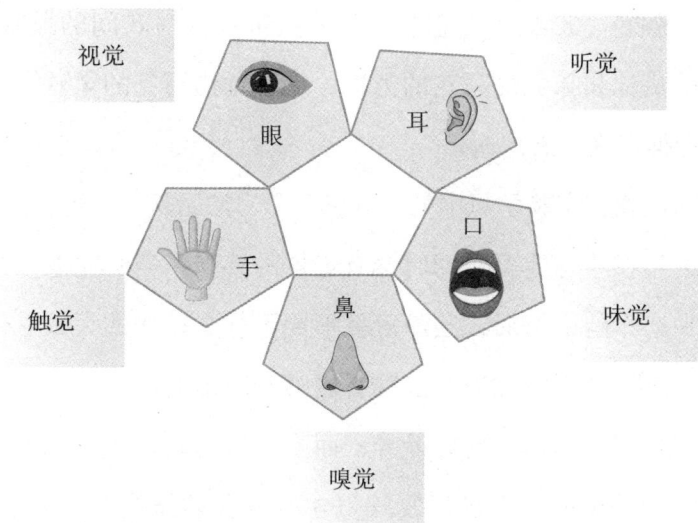

"五感"学习法

"五感"学习法应用示例

英语学习中的"五感"学习法示例：

通过调动多种感觉器官，可以强化记忆力。青少年学习新的英文单词时，可以一边看、一边读、一边写，同时还可以想象、模拟或体验与词汇相关的具体场景，为自己打造生动的学习场景，这样就可以轻松学记单词了。

作文学习中的"五感"学习法示例：

无论是描写人，还是描写事、物，当青少年学会借助"五感"来描述时，就会让人、事、物变得丰富、立体。如描写一朵花，从视觉描写花的颜色、形状、形态、风韵；从听觉描写花间的风吹、虫鸣、鸟叫；从嗅觉和味觉描写花的芳香；从触觉描写花的柔软。这样就会让文章变得丰满、有层次。

运动技能和实验学习中的"五感"学习法示例：

青少年在参与体育运动时会有这样的感受：当听完老师或教练对具体技术动作的讲解后，脑海里就形成了这个动作的大致影像，但不一定对；接下来，通过进一步观看老师或教练的示范，会发现大脑想象的动作和正确动作有些许差异；而当抽象的动作落实到青少年身体力行的学和练中时，经过反复练习才能掌握动作技巧。上述整个听、看、练的过程，便是"五感"学习法的有效利用。

青少年在做学科实验时也要如此，在学习过程中充分调动自己的全身感官，去观察、去分辨、去触摸、去感受，这有助于青少年更直接、更全面、更深入地了解实验过程，认识实验对象。

总之，青少年如果能在学习中积极调动全身感官，让自己的多个感官同时参与到学习之中，那么学习效率和学习效果将会比运用单一感官学习成倍提高。

发散思维，构建自己的思维导图

学习是一种高强度的脑力劳动，离不开特定的思维活动，需要通过横向或纵向的类比、辐射等发散性思维，将学习到的知识化为己用，并有所发明创造。也就是说，学习力的提升，离不开发散思维。

带你认识发散思维

青少年在学习中，经常会有意或无意地运用到发散思维。拥有发散思维，对学习力的提升起到了重要的助推作用。那么，什么是发散思维呢？

简单来说，发散思维是人创造性思维的一种表现形式。它是遇到问题进行思索时，思维和视野以问题为中心目标向周围四散开去，以便想出更多的解决办法，从而呈现出一种多维发散状态的思维模式。

发散思维还有很多别名，如辐射思维、放射思维、扩散思维以及求异思维等。

对于青少年而言，发散思维指的是青少年在学习或思考时，通过丰富的联想和想象，能够从不同的角度思考问题的一种脑力活动。比如"一事多写""一题多解""一物多用"等思维特点。当青少年拥有发散思维时，在提升学习力的同时，也会在很大程度上激发出宝贵的创造力。

对于发散思维，我们可以通过一个形象生动的例子来加以认识。有这样一道脑筋急转弯问题被人所熟知：猎人打猎，看到树上有 10 只鸟，开枪打死了 1 只，那么树上的鸟儿还剩下几只呢？

对于这个问题，如果不具备发散思维的话，会毫不犹豫地回答：10 只鸟，打死 1 只，肯定剩下 9 只了。显然，对于旨在考察发散思维的脑筋急转弯，一般性的常规回答并非最佳的答案。

想要更好地回答类似问题，就需要青少年打破常规，发散思考，从不同的角度分析，提出多种设想，然后从不同角度来一一验证这些设想，最终推理出合理的答案。可见，脑筋急转弯和猜谜语的思维过程，就是运用发散思维的典型表现。

培养发散思维，构建思维导图

在高效学习和勇敢创新的过程中，离不开发散思维。在发散思维的主导下，青少年的思维会呈现出多点、散状、立体、逆向的多方位思维特征，迸发出创造力。而创造力，则是学习力得到持续提升的重要助推力量。

当然，青少年想要拥有发散思维，并进一步建立适合自己学习的思维导图，必然需要一定的培养和锻炼过程。这里有这样几个小技巧，可以和青少年一起分享学习。

⭐ 从多点散状的立体思维角度出发，构建思维导图

什么是多点散状立体的思维角度呢？就是多角度、多方位、全面立体地看待问题。如学习"四大名著"的知识点时，可以进一步扩散联想历史、地理等科目上与"四"有关的知识点都有哪些。

通过立体的散状思维，青少年可以进一步联想到更多与"四"有关的知识点。如地球上的四大洋、中国的四大盆地和古代四大发明以及四大文明古国等。这样一来，相关的知识点就都能通过发散思维形成的思维导图串联在一起了，这对提高学习效果有着很好的促进作用。

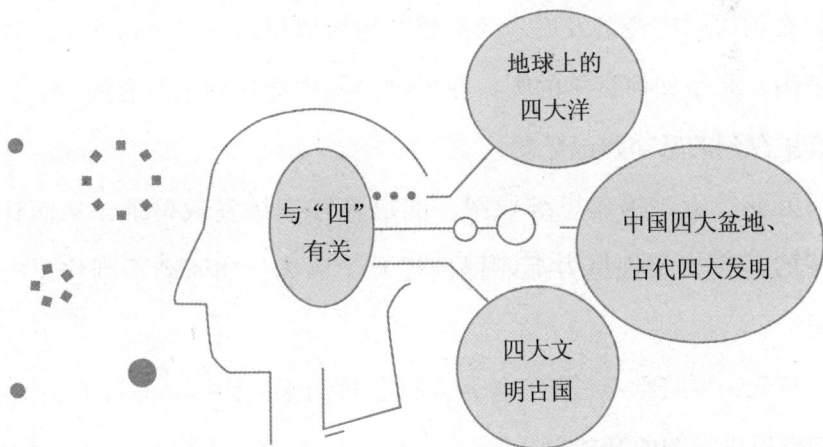

通过立体散状思维，构建关于"四"的思维导图

⭐ 从逆向思维角度出发，建立思维导图

发散思维可以正面思考、角度多样化，也可以逆向思维、反向突破。比如，司马光砸缸，一个孩子掉进水缸里了，其他小伙伴该如何及时救援呢？喊叫大人，时间上来不及；自己亲自跳进缸里面，自救能力又不够。司马光当机立断，将缸打破，很快那个孩子就得救了。可见，司马光的思维方式不是下水捞人，而是从逆向角度出发，从缸身上"做文章"。打破缸，水就能快速流出；水流出了，缸里面的孩子就能够得救了。

伟大的物理学家牛顿也是如此。苹果从树上掉落，砸在了他的头上。对于这一司空见惯的事情，牛顿却能让思维"另辟蹊径"，思考为何苹果往地上掉落而不往天上飞，由此推导出了"万有引力"这一著名的物理学定律。

青少年在实际学习中，也可以运用逆向思维构建相应的思维导图。比如看到唐朝的经济发展繁荣昌盛，也可以反向思考，这么一个庞大的帝国，又是如何衰落的呢？在思维导图中详尽列出所有原因，自然会有更深刻的感知和记忆。

因此，尝试构建思维导图，能培养和训练发散思维，从而让青少年的学习力和创造力都能得到提升。那么，如何动手制作思维导图呢？

首先，要将学习过的知识点全面整理出来，详尽、完备的知识点，是制作思维导图的基础。

其次，对整理好的知识点进行认真的梳理。在梳理过程中，找出

知识点之间内在的关联，然后提炼出相应的关键词，这些关键词都会体现在思维导图上。

最后，根据关键词的提示，画出思维导图。关键词整理好后，将各个关键词之间的关系描述出来，并根据这些关系，确定思维导图分支的走向，如此一张完整的思维导图就形成了。

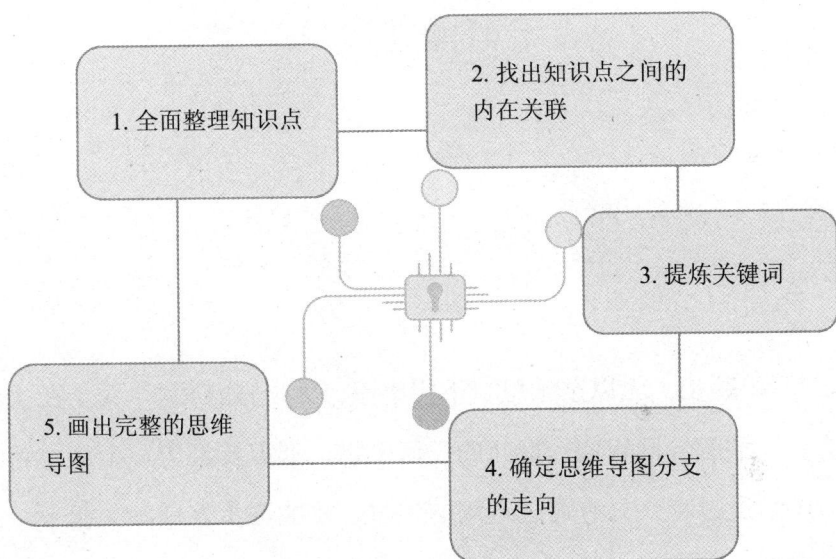

1. 全面整理知识点	2. 找出知识点之间的内在关联
	3. 提炼关键词
5. 画出完整的思维导图	4. 确定思维导图分支的走向

动手绘制思维导图

由易到难、由浅入深，遵循学习规律，不可操之过急

"不积跬步，无以至千里；不积小流，无以成江海。"荀子在《劝学篇》里早就告诉我们，世间的任何事物，都需要经历一个从小到大的循序渐进过程，只有通过点滴的积累，才能逐步发展壮大起来。学习上也是如此，"一口吃成胖子"的思想坚决要不得。学习必须由易到难、由浅入深。遵循学习规律，才能稳步成长，切不可拔苗助长、操之过急。

急于求成，是学习的大忌

学习，能不能很快就取得显著的成效呢？想要回答这个问题，我们不妨先来看一看下面这个故事。

古时候，一个财主给儿子聘请了一名教书先生，教授儿子的学业。第一天，教书先生写了一个"一"，让他练习；第二天，又写了一个"二"，让他再学习；第三天，教书先生将"三"这个字教给他，让他多多练习。

谁知这名财主的儿子，看到学习数字如此简单，就认为自己已经完全掌握了读书识字的"秘诀"了，于是就自负地让父亲辞去教书先生，不要浪费银子了。

财主信以为真，就将教书先生给辞退了。几天后，财主想要给一位朋友写信，想到儿子已经自学成才了，就让儿子代笔。儿子也欣然接受，高高兴兴地回到屋子里认真写信。

但是过了将近一天的时间，这封信迟迟没有写好。财主不放心，就来到儿子的房间查看情况。儿子见了父亲后，委屈地说："您的这位朋友，姓什么不好，非要姓一个'万'字，害得我忙了一天，才划了几千道。"

这则幽默风趣的故事背后，其实蕴含着深深的道理，这就是学习切不可急于求成，否则会闹笑话不说，最终学到的"文化知识"也只是皮毛而已，不可能是真才实学。

显而易见，学习从来就不能一蹴而就，不是轻易就能获得成功的，而是需要青少年拿出水滴石穿、坚持不懈的精神，只有长时间地持续努力下去，最终才会学有所成。

但在现实生活中，有不少青少年对待学习的态度往往是浅尝辄止、浮光掠影、走马观花，他们不愿吃苦，妄图投机取巧走捷径。这种操之过急的浮躁心态，注定会让他们在学习上栽跟头。

滴水穿石，功在不舍

学习并非一件轻松的事情，从投入学习开始，青少年就需要秉持锲而不舍的吃苦精神，在遵循学习规律的基础上，拿出"绳锯木断，滴水穿石"的坚韧意志力，这才是良好学习态度的体现。具体到实际学习中，如何遵循学习规律，克服心浮气躁，做到平心静气呢？

⭐ 从一个个小目标开始，夯实基础，厚积薄发

自然界中，竹子的生长就蕴含了厚积薄发的道理。竹笋破土而出后，在前四年的时光里，生长速度一直较慢，原因在于这一阶段的竹子，重在扎牢基础，根部持续朝着深深的泥土中扎入。等到四年之后，扎牢了根基的竹子开始茁壮生长，其生长速度陡然加快，很快就能直指苍穹，傲然而立。

学习成长的规律，其实和竹子完全相同，就是一个循序渐进的发展过程。从一个个小目标开始，每克服一个学习上的难题，每达到一个学习目标，就具备了向下一个学习目标冲刺的坚实基础。如此一点一点地积累，基础牢固了，就会厚积薄发，实现一飞冲天的梦想。

⭐ 久久为功，绝不能半途而废

古时候有一个叫乐羊子的人，出门求学一年后，因为思念家乡亲人而中断了学习，回家探亲。妻子得知原委后，以织机织布为例，讲述了"一丝而累，以至于寸，累寸不已，遂成丈匹"的道理，并以此

教导乐羊子，学习绝不能半途而废，只有久久为功，锲而不舍，才能学有所成。

从这个故事中，青少年应当明白，学习不仅需要打牢基础，还需要坚持不懈，功在不舍。

⭐ 静下心来，切忌心浮气躁、走马观花

遵循学习的规律，还需要青少年在学习过程中，不能心浮气躁。抱着走马观花式的学习态度，浅尝辄止，最后什么都学不到、学不成。

正确的态度是，青少年一旦进入学习状态，就应静下心来，聚精会神、认真努力地去学，让每一天的努力都有收获，每一次的付出都不会被辜负。

条条大路通罗马，灵活学习

对于青少年来说，不懂变通的"钻牛角尖"式学习是非常累的，这样会消磨青少年的学习兴趣和学习热情。因此，青少年要善于总结、借鉴、探索学习的不同路径，从"条条大路"中选出最适合自己的学习道路。

青少年可以运用所学过的知识去探索适合自己的解题思路、解题方法、学习方法，也可以借鉴他人成功的思路和方法。无论哪一种，都能帮助青少年跨越学海到达彼岸。

多总结，多尝试

青少年在学习过程中要善于总结。通过总结以往成功的解题思路和学习方法，在自己的学习实践中不断尝试、不断总结规律，最终挑选出最适合自己的、最便捷的解题思路和学习方法。只有这样，才能在以后的学习中驾轻就熟地挑选最佳解题思路和最优学习方法，从而快速解答问题与高效完成学习任务。

青少年要有序梳理以往的学习经验和方法，并融会贯通地运用于新知识和新技能的学习，灵活地从不同的层面和角度去认识和思考问题。这有助于青少年快速找到解决当前学习问题的方法，并将它应用迁移到后续的学习情境中去。

多交流，多思考

青少年在日常学习中，要多与同伴好友交流，分享成功的学习方法和经验，以高效完成学习。

在这里需要特别提醒青少年的是，虽然学习的方法有很多，但只有适合自己的方法才是最好的。

在学习实践中，很多青少年都会善于观察和总结其他同学的实用有效的学习方法，并为自己所用。但是，在借鉴他人学习方法的过程中，也有不少青少年会犯"拿来主义"的错误。由于每个人的学习基础、思维方式、认知水平等方面存在一定的差异，对他人适用的学习方法不一定就完全适合自己，因此千万不能全部"照搬照抄"地使用。

在参考使用别人的学习方法和学习经验时，青少年要学会独立思考，灵活变通；要针对自己的具体学习情况，学着对他人的学习方法进行"再加工"，让这些方法更适用于自己。

用实践来检验真知

实践是检验真理的唯一标准，同时也是检验真知的唯一途径。青少年学到的书本理论知识和文化，只有通过一定的社会实践来检验，才能找出自己的短板和不足，并据此进一步充实、丰富和提高。

实践出真知

在读书学习上，孟子曾说过这样一句名言："尽信书，则不如无书。"这句话的意思是说，书本上的理论知识，究竟是否正确，能不能起到指导实际行动的作用，还需要通过实践来加以检验。如果学习到了一些理论知识，却做不到理论联系实际，只会照本宣科、生搬硬套，不知灵活变通，必定会在实践中出现"碰南墙"的情况，甚至造成不可挽回的损失。

战国时期，秦国攻打赵国，赵王将大将廉颇从前线调回，准备让赵括取而代之。

赵王之所以这样做，是因为平日里赵括夸夸其谈，谈起排兵布阵等军事事宜，总是一副看起来非常精通的样子。赵王被赵括的表现所迷惑，认为他理论优秀，实践上也肯定没问题，于是不顾众人的劝阻，执意将赵括派往前线，担任赵军主帅。

但事实证明，赵括只会纸上谈兵，实践上则一窍不通。长平一战，赵国四十万精锐被秦国全歼，赵国也就此一蹶不振，直到被秦国吞并。

实践出真知，唯有把书本上的理论知识和客观实际相结合，通过实践活动来检验理论的正确性和实用性，才能学有所获、学有所成。这样的例子从古至今，不胜枚举。

明代的著名医药学家李时珍，在行医多年后，发现很多医药典籍里存在谬误，一些药物的形状、药性等方面的记载和实际不符。

为此，李时珍亲自实践，甚至不惜以身试药，走遍了祖国的山山水水，将书中的药物记录和实物一一对照，勘误完善。在实践的指导下，他历时数十年，终于完成了《本草纲目》这一医学典籍，对我国中医药的发展起到了重大的推动作用。

我国现代著名气象学家竺可桢，在气象学的研究上，不仅重视理论学习，也非常注重从实践中得来的真知。在从事气象学工作的几十年里，他坚持每天都去户外观察，记录气候变化的数据。他正是在大量的第一手实践资料的基础之上，为我国气象学的科学研究做出了巨大成就。

对于青少年而言，"实践出真知"就是要求他们从实践中学习，在学习中实践，做到学以致用。

敢于实践，也要善于实践

从实践和理论两者之间的辩证关系上来看，青少年要想真正获取知识，一靠学习，获取间接经验，二靠实践，获取直接经验。古往今来无数事实证明，一切理论知识，只有从实践中来，又经过了充分的实践检验，才能称得上是科学的真知。离开了实践的学习，就犹如无源之水、无本之木一般，失去了存在的意义。

实践出真知，青少年首先要拿出勇气，敢于去实践，善于用实践来检验理论知识的对与错。

比如在物理、化学课堂上学习到的知识点，对应有很多动手小实验。而想要真正地检验知识点的对错，就要在有条件的情况下，多去做实验来验证。

通过实验验证，一方面能够检验知识点的对与错，另一方面能够加深对已学到的知识点的深刻理解与认识。

从理论到实践，在实践中摸爬滚打，自然会面对无数艰难险阻的考验。在困难面前，青少年不要畏惧，要拿出敢于迎接挑战和积极投身实践的勇气，要逐渐培养大胆探索、勇于实践的坚强内心，从而在实践中发展自我、成就自我。

在这方面，青少年科技创新大赛、机器人编程比赛、演讲比赛、作文比赛等，都是非常不错的实践方式。遇到类似的比赛，青少年应当积极准备，勇于参赛，以此来检验自我的知识储备、动手能力和创新能力，从而在一次次的实践中，不断提高自己的学习力。

实践出真知，实践也是检验真知的唯一方式，在学习中你们是否敢于去尝试、去实践呢？

遨游互联网，善用网络资源和工具开展学习

当代青少年是互联网的"原住民"，是随着互联网的发展而成长起来的"Z世代"（网络流行语，指新时代人群）。"Z世代"青少年需具备的核心素养之一，便是要学会利用互联网为学习助力，懂得如何搜索知识、学习知识。

网络学习工具和平台多种多样，比如，青少年之间可以建立微信群或QQ群，组成学习小组，及时分享学习资料、学习方法，共同进步；还可以在群里通过打卡的方式去互相鼓励、监督背单词、背数学公式、讨论题目等，共同完成学习任务。

除此之外，青少年还可以利用专业的思维导图软件去帮助梳理知识点，使用时间管理App智能制订目标和计划、高效管理时间，或通过一些知识分享平台尝试给网友答疑解惑，寻找有用的学习资源，开阔眼界、增广见闻、助力学习。

总之，网络学习工具和平台有很多，青少年可根据自己的情况去选择合适的线上学习工具和平台，从而帮助自己提高学习效率，获得进步。

第七章

享受阅读，突破学习力

"立身以立学为先，立学以读书为本。"我国已进入全民阅读时代，阅读对于青少年更具有非凡的意义。在青少年的学习成长过程中，阅读是一种提升自我学习力的重要方式。阅读不仅能够给青少年的心灵注入强大的精神力量，还能有效增强青少年人生的宽度和厚度，起到开阔视野和胸襟的作用，这也是"腹有诗书气自华"道理的体现。

　　青少年在阅读时，有两点要特别注意：一要坚持，养成好读书的优秀习惯；二要读好书，享受阅读，使用科学合理的阅读方法，做到开卷有益。

学习力的提升离不开阅读

"开卷有益"，阅读是学习的基础与根本。一个人的阅读能力强弱，对他自身的学习能力有着很大的影响。不会阅读，不懂阅读，学习也就根本无从谈起。可以毫不夸张地说，青少年提升学习力的关键，就在于养成一个良好的阅读习惯和能力。

学习，是从阅读开始的

"书籍是人类进步的阶梯。"人类文明自诞生以来，书籍作为人类思想智慧的结晶，对人类社会文明的发展和进步起到了无可替代的助推作用。

现实中，每一个人接受最基础的文化教育，都是从阅读开始的。从儿时学习识字开始，到读《三字经》《百家姓》《千字文》等传统经典启蒙读本，再到各种图文并茂的图画书，我们对这个世界朦胧的认知与思想的启蒙，都离不开早期阅读。

随着年龄的增长，通过不断的阅读，青少年不仅可以开阔视野，也可以逐步提高认知能力水平，为后续自主学习各种专业技能奠定坚实的基础。

阅读，是检验一个人是否拥有强烈学习兴趣的关键标准之一。如果一个人连最基本的阅读都不感兴趣，那么他又怎么会爱上学习呢？

好学、爱学、勤学，都必须从最基础的阅读开始。孔子就非常热爱阅读，即使到了晚年，依然手不释卷，埋头苦读。

为了深入地研究《易经》，孔子每天都要拿出这本竹简书来翻看。时间长了，竟然将捆绑该竹简书的牛皮带先后磨断了三次。这就是"韦编三绝"典故的出处。这种勤于阅读的精神实在令我们后人钦佩。

功夫不负有心人，通过大量深入的阅读研究，孔子终于从中悟出了深刻的道理，把对《易经》研究的心得体会编成了《十翼》一书。如今，《十翼》也成了后人研究《易经》的重要参考资料。

爱阅读、爱学习的孔子，只是无数古人刻苦读书、勤奋学习的一个缩影。车胤"囊萤夜读"，孙康"映雪苦学"，苏秦"头悬梁，锥刺股"，他们日后能够学有所成，并做出一番伟大的成就，都和他们孜孜不倦的阅读有关。

阅读，是提升青少年学习力的关键

阅读，对于学习力提升的重要性不言而喻。会阅读的孩子，他们所拥有的学习力，一定远远强于不会阅读的孩子。

当然，阅读的范围非常宽泛，不仅仅局限在文学类的经典名著上，所有学科值得阅读的书籍、所有专业能够学习到的知识，都可以拿来阅读。

在阅读的过程中，青少年的逻辑思维能力及语言文字运用与表达能力，都会在潜移默化中得到极大的提升；知识的广度、宽度和深度，也会有显著的提高。因阅读而受益的这一切，又都是青少年学习力提升不可或缺的影响因素。

学习力的提升，离不开阅读，那么青少年在学习中又该如何优化阅读呢？

一是选择对自己人生成长和学习提高有益的经典书籍来阅读。读好书，读精品，读古今中外经过时间检验沉淀下来的人文经典著作，从中汲取知识和营养，同时，坚决杜绝阅读宣扬暴力、封建迷信等有违社会主义核心价值观的不健康书籍，以及那些毫无文学价值和思想深度的网络文学。

二是注重锻炼持续深入的自主阅读能力。青少年在最开始接触阅读时，是在父母、师长引导下进行的一种被动式的阅读活动。等到青少年自身对阅读产生了浓厚的兴趣后，便会逐步由被动阅读转为主动阅读，也就是完成了一个从"我读"到"我想读"的过程。

随着阅读的进一步深入，青少年还应有意识地将"我想读"及时转化为"我会读"，也就是在兴趣阅读的基础上，从书中不断汲取各类有用的知识信息，以促进学习力的提升。

当然，仅仅"我会读"还不够，青少年还要养成一个持久良好的阅读习惯，从"我会读"过渡到"我一直读"，让好的阅读习惯陪伴终身。

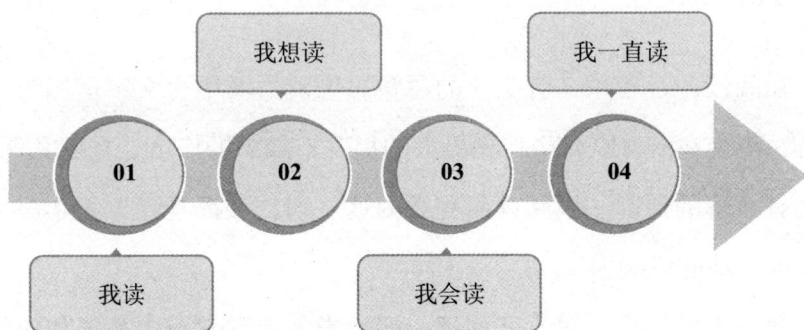

保持持续深入的阅读习惯

阅读，并不只为写作文

"读书破万卷，下笔如有神。"对于阅读的益处，古人早就有了这方面的经验总结，通过广泛的阅读，能够为写作铺垫坚实的基础。然而，阅读对于青少年的助力，并不单单体现在促进写作上。

破除阅读的误区

阅读的真正意义在于什么呢？在很多青少年固有的认知中，阅读的意义无非体现在两个方面：一个是识字用，另一个是为了提升写作水平。

不可否认，阅读对于写作有着积极的作用。通过大量的阅读，青少年能够掌握更多的词汇，读到许许多多值得咀嚼品味的优美句子与段落，而熟读背诵这些好的词句，能够极大增强青少年驾驭语言文字的功底，从而为写作积累素材并提供思路。特别是古今中外那些经典的文学名著，每一部都蕴含着深邃的思想价值和艺术价值，沉浸其中仔细地阅读揣摩，会令人受益无穷。

然而，从更深远的层面看，青少年如果仅仅将阅读局限在指导"作文写作"这一微小目标上，显然是阅读认知上的一大误区。这种功利性目标也会让阅读失去了它真正存在的意义。

小睿的妈妈非常关心孩子的阅读和作文。在小睿上了中学之后，妈妈从书店采购了很多作文技法训练书籍，最大限度地为他创造好的阅读条件。除此之外，小睿妈妈还对小睿的阅读和作文提出了严格要求，要求他在读到好的文章段落时，要摘抄记录下来，并能够模仿着写一篇小作文出来。在小睿妈妈眼中，阅读的目的就是写好作文。

然而一晃一年多过去了，小睿的作文水平并没有提高多少，甚至对写作文还产生了抗拒心理。妈妈不明白中间出了什么问题，于是她找了一个机会，和小睿进行了一次深入的沟通。这时她才知道，小睿对妈妈强加在他身上的"作业式"阅读非常反感，单纯地将阅读当作提升作文写作水平的手段，反而让他失去了对阅读的兴趣，阅读带来的美好感觉已荡然无存。

通过这一案例我们可以看到，小睿妈妈的初衷是好的，充分意识到了阅读的重要性，不过在具体操作和目标期望上，却犯了不小的错误。她将阅读和作文写作之间简单地画上等号，没有认识到阅读对于青少年成长成才的真正意义，因此从要求孩子任务式阅读开始，就走入了误区。

阅读，让人生充满了更多的可能

写作离不开阅读，然而阅读的意义绝不仅仅局限于促进写作这一个方面。阅读对青少年学习成长的重要作用，可以从以下几个方面来深入了解。

⭐ 阅读有益于青少年综合学习能力的全面发展

通过广泛、深入、持久的阅读活动，青少年不仅能够从中建立广博的知识储备，同时，个人对知识的理解、归纳、综合、概括、抽象、比较等思维能力，以及对学习疑难点的分析、探索和解决问题的综合能力，都能因阅读而提升。

⭐ 持续深入的阅读能够提升青少年的综合素养

仔细观察身边的青少年不难发现，那些喜爱阅读的青少年，大多拥有较好的共情力、较强的表达能力，言谈举止温文尔雅。这是因为"腹有诗书气自华"，一个人的外在是由他的内在决定的。通过广泛的阅读，青少年肚子里有了"墨水"，就能在谈吐和举止中表现、流露出来。

⭐ 阅读可以丰富青少年的内心世界

通过阅读，青少年在浩瀚的知识海洋中遨游，他们的自信心也会变得越来越强大。更为重要的是，在阅读的过程中，通过吸收他人的经验智慧和思想观点，结合自身的感悟与人生经历，青少年的胸襟气度和为人处世的格局，也会因此变得开阔起来。

"眼观千秋史，腹藏万卷书。"格局大了，加上从阅读中获得的强大精神力量，青少年未来的人生发展，便会有无限的可能。这才是阅读的真正意义。阅读是一场永不停息的学习旅程，让我们不断感受它的美好和魅力吧！

坚持每天阅读，让阅读成为习惯

　　青少年养成良好的阅读习惯能受益终生。那么，好的阅读习惯又该如何培养呢？实际上，只要能让自己每天坚持不懈地去阅读，努力地坚持下去，就一定能够养成一个良好的阅读习惯。

每天坚持阅读，在阅读中提升自我

　　在读书学习上，可能有青少年会这样发问："为什么老师一直着重强调要坚持阅读呢？"回答这一问题，其实也不难。因为阅读可以从根本上改变我们的精神气度和内涵修养，让我们变得知识渊博的同时，也让我们在人生前行的道路上，多一份淡定和从容，多一份智慧与勇气。

　　阅读对人的影响是潜移默化的，长时间坚持去阅读，让读书成为一种陪伴自我成长的良好习惯，青少年必将有一个"羽化成蝶"的惊艳蜕变。

三国时期，东吴大将吕蒙少年时因为家贫没有条件去读书。他投靠在孙权麾下时，虽然屡立战功，但忙于军务的他，依旧读书甚少。

孙权为此劝说吕蒙要多读书，养成坚持阅读的好习惯。一开始，吕蒙以军务繁忙为借口，表示自己抽不出读书的时间。孙权以自身的经历为例子，笑着告诉吕蒙，作为东吴的君主，他尚且能坚持读书，难道吕蒙比他还忙碌吗？

吕蒙听了，羞愧万分，自此开始发奋读书，一度达到了手不释卷的地步。过了一段时间，等到鲁肃拜访吕蒙时，不由被吕蒙的精神气度所折服。这就是"士别三日，当刮目相待"的著名典故。

坚持阅读，持之以恒地去读，当阅读成为日常生活习惯时，青少年便会惊喜地发现，从书中可以获得无穷的强大精神力量。在面对困难、挫折和逆境时，通过阅读能够很快从最初的迷茫困顿中摆脱出来，以坦然的心态去迎接学习和生活中遇到的种种挑战，砥砺前行，一步步将理想转化为现实。

正如北宋著名文学家黄庭坚一样，爱读书的他对于阅读有着深刻的感悟："一日不读书，尘生其中；两日不读书，言语乏味；三日不读书，面目可憎。"

与书为友，以读为乐。青少年首先要提前列出需要阅读的书目，然后结合自身的学习实际情况，每天阅读上几页或几节，务必认认真真地去读，让阅读成为一种坚持和习惯。即使足不出户，读书也能超越时空的界限，在精神自由的内心世界里，成就青少年诗和远方的浪漫梦想。

培养阅读好习惯

热爱阅读并具备良好阅读习惯的人，会拥有强大的精神力量和丰盈的内心世界。那么具体到青少年身上，又该如何养成坚持阅读的好习惯呢？

⭐ 快乐阅读，全身心地投入

青少年不要将阅读当作一件痛苦的事情来看待，应从阅读中获得满足和快乐。在宁静愉悦的氛围中，全身心地投入阅读，这是养成良好阅读习惯的重要基础。

⭐ 每天坚持抽出一定的时间去阅读

一种良好习惯的养成，离不开长期的努力坚持。等坚持到一定的阶段后，这种行为方式会自动成为一种高度自觉的生活习惯，也就是从被动变为主动了。

阅读也是如此，每天坚持，就会养成良好的阅读习惯。青少年可能又要担心，每天坚持阅读的时间从哪里而来呢？

鲁迅先生说过，时间就像是海绵里的水，只要挤一挤，总会有的。一天之中，即使抽不出整段的时间去阅读，也可以在碎片化时间上"做文章"。比如减少看电视、玩手机游戏的时间，将这些时间留给阅读，也可以在等车等人的间隙阅读，哪怕抽出五分钟、十分钟也行，相信坚持就会有收获。

⭐ 把读书和体验结合起来，让阅读更有意义

"读万卷书，行万里路。"读书和实践相结合，这才是最好的阅读方式。青少年虽然暂时不具备"行万里路"的条件，然而可以充分结合自身的实际，开展多种形式的读书体验活动。

比如阅读动物百科全书时，可以去动物园里参观，将书本知识和实际观察完美地融合在一起，边理论思考，边实践体验。而且二者有机结合，也有助于良好阅读习惯的养成。

如果能养成终身阅读的好习惯，并学会享受阅读，在阅读中懂得思考和感悟，那么你的人生将会因此大不相同。

不是所有的书都值得阅读

读书多多益善，书籍是青少年获得知识文化的源泉。然而每一个人的生命都是有限的，如何利用有限的时间获得最有用、最有价值的知识呢？答案就是去读那些值得读的书籍。

会读书，读好书

有这样一则关于阅读的数据，据说按照一般人阅读的速度，在泛读的情况下，一生大约可以阅读三四千本书，这是一个什么概念呢？人类历史从古到今流传下来的书籍，数以亿计，这还不包括每年依旧源源不断印刷出版的书籍。所以，将人一生中可以阅读的书籍数量和庞大的存世书籍数目相比，不过是九牛一毛而已。

两相对比，我们就会发现，即使穷尽一生，在广阔无垠的书籍海洋中，我们每一个人所能撷取的也不过是微小的一滴水。正如《庄子》所言，"吾生也有涯，而知也无涯。以有涯随无涯，殆已。"所以，想要将所有的书籍读完，是一项无法完成的任务。

进一步理解，青少年也没有必要将所有的书籍读完。这是因为除了个人有限的时间和精力之外，并非所有的书籍都值得去阅读。比如那些思想不健康的，甚至三观扭曲的书，不仅不值得去读，还要远离它们。

因此，在浩如烟海的书林中，做到有效阅读，获取对自己而言更有价值和意义的知识，这才是最为关键的。

什么才是真正的有效阅读呢？简单来说，就是会读书、读好书，做到这两个方面就足够了。

会读书，指的是阅读要有好的效果。手中的每一本书，要根据它的写作内容和知识价值去分析判断，该精读时认真细致地去读；该泛读的时候粗略地读一下即可。选择不同的阅读方式，不仅能够提高阅读效率，也能从中快速地汲取到自己想要学习到的知识信息。

读好书，指的是选择那些最有阅读价值的书籍去读。每读一本，都能够有所收获，做到"开卷有益"，这是正确的读书选择，也是阅读的根本意义所在。

你会选择适合自己阅读的书籍吗

古希腊哲学家德谟克利特的语录中，有一句论述阅读和学习的话说得非常有道理："不要贪图无所不知，否则你将一无所知。"因此，选择适合自己的书籍去读，无疑是最为明智的做法。

那么，在书目选择上，青少年面对密密麻麻的书单，又该如何从中选择适合自己阅读的书籍呢？

⭐ 选择那些具有积极思想价值和哲理思辨的书籍

阅读充满积极思想价值和哲理思辨的书籍，青少年就会感到仿佛是在和睿智的长者交流，他们的人生经验和阅历，都会一一闪现在字里行间，给青少年以谆谆教诲，教给青少年为人处世和修身立德的道理。

阅读这些书籍，青少年能够从那些智慧的光芒中撷取无数人生的感悟，让心灵得到充分的滋养。

⭐ 选择那些有益于自身学习成长的书籍

对于青少年来说，青春期是学习科学文化知识和专业技能的最佳阶段。因此，在书籍的选择上，应当选择那些有益于自身学习成长的实用书籍（如追踪科学技术前沿的科普类书籍），认真、细致、深入地进行阅读。

通过阅读这些书籍，丰富自己的知识，在大量有效阅读的基础上，做一个知识广博、视野开阔、正能量满满的新时代好少年。

⭐ 选择那些能够陶冶情操的书籍

能够陶冶情操的书籍，也有益于青少年的人生成长。比如阅读一些中外经典文学名著，以及一些有趣的环球地理、风土人情方面的书籍。通过阅读这些书籍，青少年可以从中感受到中外文化的异同，领略到世界各地形形色色的奇特景观与风土人情，培养自己的国际视野和全球领导力。通过阅读这些能够陶冶情操的书籍，在愉悦身心的同时，也能起到开阔视野的作用。

⭐ 学会建立自己独有的阅读书单

青少年应结合平时学习的实际情况和现实需求，建立自己独有的阅读书单。不过，这需要青少年平时留意和搜索各大书籍榜单，从而建立符合自己独特口味和风格的阅读书单，从千千万万的书目中快速找到最有价值的书籍。

除了善用互联网搜索书目之外，青少年建立阅读书单的重要途径之一是多和身边的同学、朋友交流，看他们最近在读什么样的书籍，听取他们的阅读感受和心得体会，然后或借阅或购买都可以。同学和朋友的荐书可能鱼龙混杂，比如会经常出现一些影响青少年"三观"正确建立的小说，其文学和艺术价值低劣，粗制滥造，在阅读品位上可能有明显局限。所以，另一个必不可少的途径是从父母师长那里获取有价值的推荐意见，根据长辈的建议选书，并列出具体的书目，根据书目订立一学期或一学年的阅读目标，有计划地去读，在高品质的优雅阅读中提升自我。

和同学、朋友交流，获取书单推荐意见

请教父母、师长，获取书单推荐意见

学会建立阅读书单

需要注意的是，青少年在建立自己的阅读书单时，不要仅限于文学作品，应进行跨学科阅读，也就是广泛阅读不同学科的书籍，摄入不同学科和不同类型的知识。进行跨学科阅读，不仅能使青少年将所学的各学科的知识连接起来并融会贯通，建立起更丰富、庞大的知识体系，同时也能培养文理兼容并包、全面发展的跨学科能力和素养。这一核心素养对于新时代的青少年来说尤为重要，是青少年提升跨学科学习力的重要保障。

试着精读一本书，让阅读更深刻

读书，不只是为了读而读，重要的是能够从书中得到启迪，收获感悟。精读，就是一种很好的读书方式。在细致的精读中，将书读通、读透、读明白，自然就能充分领悟书中的精要与主旨，进一步吸纳转化后为己所用，这才是有质量、有目标的高效阅读。

阅读质量高低的关键在于是否精读

读书，贵在精而不在多。贪多求快，看似读了很多书，事实上却没有多大的收获，反而还会造成认知上的困惑与迷乱。青少年在读书学习的过程中，如果每年都能做到认认真真地读几本有价值的好书，比泛泛读数十本的效果要好很多。

在遇到一本好书时，应当把精读放在首位。为什么精读的效果要远远好于泛读和略读呢？在这个问题上，不管是现代的阅读心理学实验研究，还是古人的实践总结和深刻感悟，都能给出答案。

在精读上，北宋大文豪苏东坡就是一个很好的学习榜样。比如，他在读《汉书》的时候，前前后后至少读了三遍。

读第一遍的时候，苏东坡从中了解到汉代统治者治理国家的宝贵经验；读第二遍的时候，他又进一步了解到将领们的用兵之道；当他读到第三遍的时候，书中的律令、行政管理制度，又成了他研究的重点。

就这样，苏东坡每读一遍，都有自己阅读的侧重点，因此也有了新的认识和发现。三遍精读之后，苏东坡对《汉书》里面的内容已经做到了如指掌。

"书读百遍，其义自见。"阅读，是为了从书中得到启发和收获，不断地扩大自我知识面的广度和深度，而不是为了读而读。如果一味地盲目追求读书的数量而忽视质量，显然是违背了阅读的初衷，纵然读了千百本，也依旧茫然无所知。

把书读明白，从精读开始

读书，要阅读其中的重点和精华部分，真正地把书读懂。泛泛而读，就如囫囵吞枣一般，书中的知识信息没能得到良好的消化和吸收，每一本书都以一知半解收场。这样的阅读方式，实际上和没读一样，起不到阅读的真正作用。

既然精读如此重要，那么在遇到一本值得去认真阅读的好书时，应该如何做到精读呢？

⭐ 阅读时，要善于抓住书中的关键词和关键句

在阅读的过程中，抓住书中的关键词和关键句子，是解开书中精髓和奥妙的"密钥"。

唐代文学家韩愈在《进学解》中，对于精读曾有这样的高见："记事者必提其要，纂言者必钩其玄。"

在这里，韩愈以精练的语言告诉我们，求学治学者阅读记事一类的书籍时，应当从提纲挈领入手，写出纲要，牢牢把握作者讲述的要点进行分析研究；当阅读理论性较强的立论说理类书籍时，要能够从书中寻求奥妙，探索精微，把握书中精微之处，反复思考领悟，以求醍醐灌顶般的醒悟。

从韩愈的话语中不难看出，对于不同种类的书籍，要有不同的精读策略。比如，对于小说等一些以叙事见长的文学作品可以只读重点情节和关键词句，去粗取精，吸收其精华部分为己所用；而对于学术专著等一些以议论见长的作品就要细细品味，仔细揣摩。

⭐ 阅读过程中，要做好注释标注工作

精读一本书，不仅要在思想和态度上高度重视，做到注意力集中、认认真真地去读，而且在阅读过程中，对于书中出现的精彩语句和段落，也不妨用笔做相应的标注和注释。也就是说，遇到不懂的地方要去查找相关资料，在重点要注意的地方着重突出标记，在适当的地方写上自己的感悟理解。所有这些，都是为了达到精细阅读的目的，以求把书彻底读明白。

⭐ 阅读后，脑海里对书籍要有一个全面的认知与理解

精读的目的是学有所获，因此在认真精读了一本好书后，不妨合上书本，闭目深思，想一想这本书主要讲述了一个什么样的道理，从书中获得的最大启迪是什么，能否结合自己的所知所学，指出书中存在的不足之处。

在精读之后，有反思，有总结，有批评，有新的感悟和思想升华，对书中观点有全面认知和理解，这才是精读的真正意义。

一些精美的词句不妨记录下来

阅读，不仅要学会将精读和泛读有机地结合在一起，还应学会摘抄记录，也就是将书中优美的字词和句子一一抄写下来。进行摘抄记录，不仅是对已读内容的梳理、总结和积累，同时还可以方便日后翻阅和查找相关信息。

了解摘抄的意义

荀子说："锲而不舍，金石可镂。"学习需要持之以恒的坚持和积累，要积累就离不开必要的摘抄记录工作。也可以说，摘抄书籍中优美的词句段落，是对书中的精髓要义进行分析、归纳和梳理的一个再学习过程。

摘抄记录具有重要的意义。它不仅有助于青少年逐步加深对读过内容的认识和理解，也会提高青少年的阅读能力和鉴赏能力。因此，摘抄记录是以最快的方式，将学习到的知识点加以拆解。通过摘抄，可以有效建立自己的知识体系。当有了大量的文字摘抄记录后，写作需要的素材库也就逐渐形成了。无论是复习、引用、转述，或者内化为自己的语言表达出来，都非常方便快捷。

事实上，古今中外的学者都非常注重在读书学习过程中的摘抄记录工作。中国古代提倡读书"四到"，也就是阅读时做到"眼到、口到、心到、手到"。想要全面读懂一本书，仅仅单靠眼到、口到和心到三个方面并不足够，还必须手到。只有勤奋地提笔记录，边读边记，学习效果才能达到最佳状态。

清代大诗人袁枚在平日里就非常注重知识的摘录积累和灵感的收集。有一次，他和一名农夫闲谈，对方望着一树盛开的梅花，随口感叹道："梅树身上开满了花儿！"袁枚听了，不由心中一动，连忙将对方的话语记录下来。在经过一段时间的思索咀嚼后，袁枚写出了"月映竹成千个字，霜高梅孕一身花"的名句，令人赞叹！

生于19世纪70年代成名于20世纪初的美国著名小说家杰克·伦敦，也是勤于摘抄的榜样人物。平日里，他将书中优美的词句摘录下来，制成一张张便于携带的小卡片，这样他在穿衣、吃饭、散步等碎片化时间里，都能随时拿出来背上几句。长期的坚持积累，使得杰克·伦敦的文学素养得到了飞速的提升，为他成为一代文学大师铺垫了坚实的基础。

青少年只要像上文的袁枚那样将日常听到的、看到的优美词句随时搜集记录下来，坚持下去就会有收获。

你会摘抄记录吗？

摘抄记录，看似简单，实则需要一定的方法和技巧。这里有几个摘抄记录方面的技巧方法，和青少年一起分享。

★ 学会制作摘抄记录本

制作规范的摘抄本，是阅读记录的基础，也是对摘录工作的重视，更有利于长久地保存。

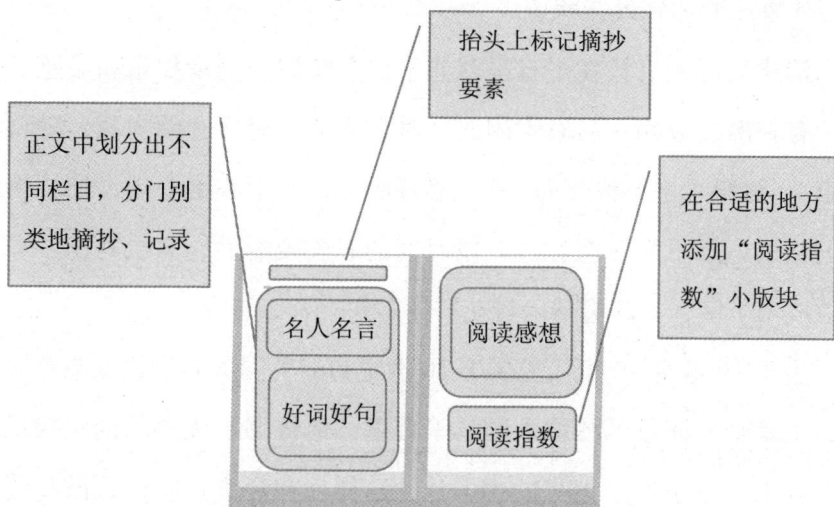

抬头上标记摘抄要素

正文中划分出不同栏目，分门别类地摘抄、记录

在合适的地方添加"阅读指数"小版块

名人名言

好词好句

阅读感想

阅读指数

学会制作规范的摘抄本

摘抄本上，在每页的抬头上，应当有这样几个摘抄要素，如书名、作者、阅读的时间等。这样做的目的，是方便日后的复习使用，可以

根据书名和作者等信息，快速地找到原本读物。

在摘抄的正文页面上，为了清晰地区分记录的内容，也可以划分出名人名言、好词好句、阅读感想等几个栏目。这样分门别类地摘抄记录，可以让人一目了然。

尤其是阅读感想小栏目，是摘抄记录内容的补充。书写感想，实际上也是对读过的内容进行再理解、再认识的一个过程。也许这些感想不是那么恰当，不过也别担心，坚持写下去，你的书评写作水平和批判性思维能力就会在不知不觉中得到极大的提升。

当然，如有需要，也可以添加一个"阅读指数"小版块，对该书整体价值打分，这也增添了摘抄本的趣味性。

⭐ 摘抄的内容要多样化

摘抄，不单单是将书中的关键词、优美的句子一一记录下来，还应让摘抄的内容多样化一些。

比如精彩段落摘抄，是对书中某些精彩段落或内容特意摘取、记录并进行总结；提纲式摘抄，是对整本书的框架结构和逻辑层次做一个全面的概括总结。提纲式摘抄更为简洁明了。

⭐ 摘抄要坚持，懂得学以致用

摘抄，不是心血来潮的一时兴起，三天打鱼两天晒网要不得。想要让学习效果有持续的提升，不仅要学会摘抄的技巧，更要端正态度，一旦开始，就要高标准、严要求地长期坚持下去。

　　同时，摘抄本身不是目的，真正目的是能够学以致用，在写作、答题、评论等实践活动中能够用得上。因此，在摘抄之后，有空闲时间要多读、多看、多记，在借鉴吸收、融会贯通的基础上，早日转化为自己的知识体系，做到读写结合，学以致用。

参考文献

REFERENCE

[1][美]R. 基思·索耶（R. Keith Sawyer）. 剑桥学习科学手册（第 2 版）[M]. 徐晓东，等，译 . 北京：教育科学出版社，2021.

[2][美] 芭芭拉·弗雷德里克森（Barbara Fredrickson）. 积极情绪的力量 [M]. 王珺，译 . 北京：中国纺织出版社，2021.

[3] 东方晨曦 . 青少年成才的 9 大智能 [M]. 北京：中国石化出版社，2010.

[4] 董耘 . 大学生学习心理研究 [M]. 北京：中国人口出版社，2015.

[5] 郭航远，郭于茜 . 读一本好书、读好一本书 [M]. 杭州：浙江大学出版社，2020.

[6] 哈佛商业评论 . 提高你的学习力（《哈佛商业评论》增刊）[M]. 杭州：浙江出版集团数字传媒有限公司，2017.

[7][美] 简妮·爱丽丝·奥姆罗德（Jeanne Ellis Ormrod）. 学习心理学 (第 6 版)[M]. 汪玲，等，译 . 北京：中国人民大学出版社，2015.

[8][美] 杰弗里斯·麦克沃特（J. Jeffries McWhirter）. 危机中的青少年（第 3 版）[M]. 寇彧，等，译 . 北京：人民邮电出版社，2009.

[9][美] 劳拉·E. 伯克（Laura E. Berk）. 伯克毕生发展心理学：从 0 岁到青少年（第 4 版）[M]. 陈会昌，等，译 . 北京：中国人民大学出版社，2013.

[10][美] 劳伦斯·斯坦伯格（Laurence Steinberg）. 与青春期和解：理解青少年思想行为的心理学指南 [M]. 孙闰松，译 . 北京：人民邮电出版社，2021.

[11] 李笑群 . 青少年如何调整学习心理 [M]. 长春：吉林人民出版社，2012.

[12] 林崇德 . 青少年心理学 [M]. 北京：北京师范大学出版社，2019.

[13] 吕超，胡谊 . 记忆的魔术 [M]. 上海：华东师范大学出版社，2010.

[14][美] 莫提默·J. 艾德勒（Mortimer J. Adler），[美] 查尔斯·范多伦（Charles Van Doren）. 如何阅读一本书 [M]. 郝明义，朱衣，译 . 北京：商务印书馆，2004.

[15][英] 塞尔吉奥·德拉·萨拉（Sergio Della Sala），[澳] 迈克·安德森（Mike Anderson）. 教育神经科学的是与非 [M]. 周加仙，陈菊咏，译 . 上海：上海教育出版社，2020.

[16] 田文兴，田薪煜 . 学习型人生 [M]. 北京：国家行政学院出版社，2006.

[17] 王小军 . 提高记忆的 100 种方法：超有效的记忆增强术（第 2 版）[M]. 北京：中国法制出版社，2020.

[18] 谢瑞·范斯坦（Sheryl Feinstein）. 探索青少年脑的奥秘——基于脑科学研究的青少年教育方法 [M]. 北京师范大学"认知神经科学与学习"国家重点实验室，脑科学与教育应用研究中心，译 . 北京：中国轻工业出版社，2006.

[19] 徐展菲 . 中小学生学习力量表编制与验证 [D]. 上海：华东师范大学，2020.

[20] 杨达为 . 道破学习的天机：中学生高分秘诀 [M]. 银川：宁夏人民出版社，2010.

[21] 杨治良 . 记忆心理学 [M]. 上海：华东师范大学出版社，2012.

[22] 雨霏 . 优秀女孩必备的 10 个习惯和 9 种能力 [M]. 北京：中国纺织出版社，2014.

[23] 张开宏 . 初中生学习的"五力"校正法 [M]. 芜湖：安徽师范大学出版社，2016.

[24] 张小雪 . 如何培养孩子的学习力 [M]. 北京：北京联合出版公司，2019.

[25] 张岩松 . 新编自我学习能力训练 [M]. 西安：西安电子科技大学出版社，2017.

[26] 赵晓宁 . 超级记忆力 [M]. 北京：金盾出版社，2017.

[27] 郑玉宝 . 学习力就是竞争力 [M]. 北京：石油工业出版社，2012.

[28] 邹吉林 . 教师教育双导师制长效机制的理论与实践研究 [M]. 北京：中国商务出版社，2021.

[29] 白羽 . 成长途中要学会自控：懒惰 [J]. 青春期健康，2021（16）：

12-13.

[30] 财务与会计（理财版）编辑部. 番茄工作法 [J]. 财务与会计（理财版），2013（9）：79.

[31] 方晨晨. 早餐对学生成绩影响的分析研究 [J]. 上海教育科研，2018（8）：15-18.

[32] 李纯，郭路仙，刘赟. 审辩式思维培养水平的评估指标研究 [J]. 当代教育科学，2021（09）：66-73.

[33] 李晓娟. 初中数学学习习惯的培养 [J]. 考试周刊，2018（72）：70.

[34] 梁迪，胡芬. 有效提升大学生学习力的思考 [J]. 江苏高教，2009（6）：82-83.

[35] 彭桂容. 运用图像培养学生的记忆素质 [J]. 文科爱好者，2019（2）：187-189.

[36] 任友群，胡航. 论学习科学的本质及其学科基础 [J]. 中国电化教育，2007（244）：1-5.

[37] 尚俊杰，王钰茹，何奕霖. 探索学习的奥秘：我国近五年学习科学实证研究 [J]. 华东师范大学学报（教育科学版），2020（9）：162-178.

[38] 尚俊杰，庄绍勇，陈高伟. 学习科学：推动教育的深层变革 [J]. 中国电化教育，2015（1）：6-13.

[39] 钟启泉. 颠覆"常识"的新常识——学习科学为课堂转型提供实证依据与理论基石 [J]. 教育发展研究，2018（24）：1-8.

[40] 周英. 青少年好奇心的教育策略 [J]. 文教资料，2008（3）：

138-139.

[41] 乔桂英，王焕 . 质疑释疑策略与批判性思维提升 [J]. 中学语文教学，2022（07）：17-21.

[42]Brummett B.Techniques of close reading[M].Sage Publications, 2018.

[43]Campos A, Pérez-Fabello M J，Gómez-Juncal R. The importance of image formation time in image-aided methods for word memorization[J]. Imagination, Cognition and Personality, 2009, 28(4):321-329.

[44]Conklin H G.Caring and critical thinking in the teaching of young adolescents[J].Theory Into Practice, 2018, 57(4):289-297.

[45]Froiland J M, Mayor P, Herlevi M.Motives emanating from personality associated with achievement in a Finnish senior high school:Physical activity, curiosity, and family motives[J].School Psychology International, 2015, 36(2):207-221.

[46]Galván A.The neuroscience of adolescence[M].Cambridge University Press, 2017.

[47]Jovanovic V, Brdaric D. Did curiosity kill the cat? Evidence from subjective well-being in adolescents[J].Personality and Individual Differences, 2012, 52(3):380-384.

[48]Kolb D.A.Experiential learning:Experience as the source of learning and development[M].2nd Ed. Pearson FT Press, 2014.

[49]Lally P, Van Jaarsveld C H M, Potts H W W, et al.How are habits formed:Modelling habit formation in the real world[J].European Journal of

Social Psychology, 2010, 40(6):998-1009.

[50]Marin L M, Halpern D F.Pedagogy for developing critical thinking in adolescents:Explicit instruction produces greatest gains[J]. Thinking Skills and Creativity, 2011, 6(1):1-13.

[51]Stevens A E, Hartung C M, Shelton C R, et al.The effects of a brief organization, time management, and planning intervention for at-risk college freshmen[J].Evidence-Based Practice in Child and Adolescent Mental Health, 2019, 4(2):202-218.

[52]Watson E, Busch B.The Science of Learning:99 Studies that Every Teacher Needs to Know[M].Taylor & Francis, 2021.

[53]Zakrajsek T D.The New Science of Learning:How to Learn in Harmony With Your Brain[M].Stylus Publishing, LLC, 2022.